믿음의 위인을 키운
경건한 어머니들

DEVOTED: GREAT MEN AND THEIR GODLY MOMS

Copyright ⓒ 2018 by Tim Challies
Originally published in English under the title *Devoted*
by Cruciform, Minneapolis, MN USA.

This Korean edition is translated and used by permission of Cruciform, Hudson, OH, USA
through rMaeng2, Seoul, Republic of Korea.

This Korean Edition Copyright ⓒ 2021 by Word of Life Press, Seoul, Republic of Korea.

이 한국어판의 저작권은 알맹2 에이전시를 통하여
Cruciform Press사와 독점 계약한 생명의말씀사에 있습니다.
신저작권법에 의하여 한국 내에서 보호받는 저작물이므로
무단 전재와 무단 복제를 금합니다.

믿음의 위인을 키운
경건한 어머니들

ⓒ 생명의말씀사 2021

2021년 9월 30일 1판 1쇄 발행

펴낸이 | 김창영
펴낸곳 | 생명의말씀사

등록 | 1962. 1. 10. No.300-1962-1
주소 | 서울시 종로구 경희궁1길 6 (03176)
전화 | 02)738-6555(본사) · 02)3159-7979(영업)
팩스 | 02)739-3824(본사) · 080-022-8585(영업)

기획편집 | 정설아
디자인 | 윤보람
인쇄 | 예원프린팅
제본 | 정문바인텍

ISBN 978-89-04-16776-0 (03230)

저작권자의 허락 없이 이 책의 일부 또는 전체를
무단 복제, 전재, 발췌하면 저작권법에 의해 처벌을 받습니다.

믿음의 위인을 키운
경건한 어머니들

팀 챌리스 지음 | 황을호 옮김

생명의말씀사

추천의 글

"이 책은 아들과 딸을 그리스도를 사랑하고 따르며 섬기는 자로 키우기 갈망하는 어머니들에게 큰 힘과 지혜와 희망을 준다."
– 낸시 드모스 월게머스 | 작가, 교사, 'Revive Our Hearts' 진행자

"이 책에서 도전과 영감과 힘을 얻었다. 저자 팀 챌리스는 독자들이 1세기부터 현재에 이르기까지 어머니들을 만나는 감동적인 역사 여행을 하게 한다. 챌리스는 많은 면에서 오늘날 우리 어머니들과 동일한 고민을 하는 어머니들을 소개한다. 이 어머니들 가운데 그 누구도 이상적인 조건에서 자녀 교육을 하지 못했다.

하나님이 이 11명의 어머니를 그들의 독특한 성격과 능력, 강점과 약점을 사용하셔서 위대한 사람을 만들어 내시는 모습은 정말 매력적이다. 이들은 신앙의 거인들의 어머니였지만, 해박한 신학자이거나 완벽한 어머니는 아니었다. 그들은 능력과 은사가 매우 달랐지만, 그리스도께 매달렸다는 공통점이

있다. 이 책은 어머니들에게(심지어 아버지들에게도) 큰 힘을 준다. 또한 탕자를 둔 부모에게도 은혜와 희망을 준다. 이 책을 읽으면서 큰 기쁨을 누렸다. 이 책을 적극적으로 추천한다."

― 킴벌리 와그너 | 「Fierce Women」 저자

"우리는 믿음의 영웅들을 보며 궁금해한다. '그들의 어머니는 자녀를 어떻게 그렇게 키운 걸까?' 경건한 어머니는 자신의 수고가 영원히 영향을 미치기 원하지만, 단 한 달을 인내하는 것도 불가능하게 느낄 때가 있다. 저자는 앞서 살았던 실제 여인들의 삶을 세세히 정리하여 경건한 어머니의 강력한 영향력을 설명한다. 이 어머니들은 동일한 복음을 믿고, 동일한 그리스도께 매달렸다. 이 책을 통해 더 많은 어머니가 그들의 본을 따르게 되기를 기도한다."

― 글로리아 퍼먼 | 「Missional Motherhood」,
「Treasuring Christ When Your Hands Are Full」 저자

추천의 글 · 4
들어가는 글 · 8

1 —— 연약한 어머니의 영적인 힘 _존 뉴턴 · 12

2 —— 경건한 어머니의 기도 _허드슨 테일러 · 24

3 —— 훈련과 다정함의 영향력 _존 그레샴 메이첸 · 36

4 —— 경건한 어머니의 인내 _크리스토퍼 위안 · 48

5 —— 경건한 어머니의 순종 _윌리엄 보든 · 62

6 —— 헌신적인 어머니의 영향력 _찰스 핫지 · 76

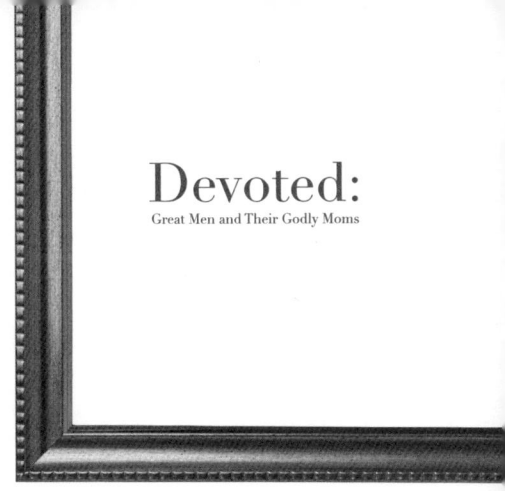

Devoted:
Great Men and Their Godly Moms

7 —— 평범한 어머니의 영향력 _존 파이퍼 · 88

8 —— 간구하는 어머니의 미덕 _찰스 스펄전 · 102

9 —— 어머니의 끈질긴 믿음 _아우구스티누스 · 114

10 —— 근면한 어머니의 영향력 _드와이트 무디 · 126

11 —— 성경에 충실한 어머니의 영향력 _디모데 · 142

들어가는 글

 아들이 잘 자라려면 아버지의 세심한 사랑과 리더십이 필요하다. 아들에게는 경건과 남성다움의 본을 보여 주고, 부부 사이의 사랑과 존중의 모범을 보이며, 성숙한 남자로 성장하는 데 필요한 기술을 가르쳐 주는 아버지가 필요하다. 그래서 그동안 아버지가 이런 책임을 담당하고 아들에게 본을 보여 주도록 권하는 글이 많이 쓰였다.
 좋은 일이다. 그러나 아버지와 아들에 대해서는 관심이 많았지만, 어머니와 아들에 대해서는 너무 관심을 두지 않은 것 같다. 이 관계 역시 더할 나위 없이 귀하고 중요한데 말이다. 안타깝게도 우리는 아들과 어머니의 관계가 가까우면, 마치 그 아들이 여성스러워지거나 잠재적 동성애자가 될 수 있다고 생각하며 의심의 눈초리로 바라볼 때가 있다. 어머니와 가깝게 지내는 아들을 마마보이라고 부르기도 한다. 그런 아들은 강하지 못하고 연약하다고 생각하는 것이다.
 그러나 기독교의 영웅들 가운데는 어머니의 세심함과 경건에 영향을 받은 사람들이 예상외로 많다. 그들은 아버지도 자신에게 관심을 가지고 경건의 본을 보여 주었지만, 주로 어머니로부터 영적인 영향을 받았다고 강조한다.

역사상 가장 위대한 설교자 한 분은 이렇게 말했다. "어린 시절에 어머니의 가르침만큼 나에게 강력한 영향을 준 가르침은 없었다." 가장 헌신적인 전도자 한 분은 이렇게 말했다. "나는 영국의 모든 신학자보다 나의 어머니께 기독교에 대해 더 많이 배웠다." 한 저명한 신학자는 이렇게 말했다. "형과 나의 모든 것은 하나님 다음으로는 어머니 덕분에 존재한다." 한 위대한 신앙 변증가는 극심한 회의의 시기에 대해 쓰면서 거기서 빠져나오게 된 계기를 이렇게 말했다. "램프 불이 흐릿하게 비치던 그 어둠의 시간, 믿음은 사라지고 내 영혼이 침몰하던 그때에 어머니께서 말씀하셨다. '우리가 그리스도를 붙드는 것보다 그리스도께서 우리를 더 강하게 붙들고 계신다.'"

역사를 살펴보면, 성경을 사랑하는 마음으로 초대의 가장 유명한 교사를 키워 낸 여성들과 쉬지 않는 기도로 방탕한 아들을 구원으로 이끈 여성들의 이야기가 나온다. 나름 위대한 신학자이지만 학생은 오로지 자기 자녀들뿐이었던 여성들도 있다. 자녀에게 일찍부터 견고한 삶의 기초를 세워 준 여성들도 있다. 경건한 어머니 덕분에 특출한 그리스도인이 된 사람이 많다.

우리는 그런 사람들 가운데 몇 명을 간단히 살펴볼 것이다. 초대 교회를 통해 어머니의 무릎에서 세심한 성경 교육을 받고 구원에 이른 한 사람을 찾아볼 것이다. 그리고 몇 세기를 더 나아가, 한결같은 기도로 아들을 믿음으로 돌아오게 하고, 역사상 가장 영향력 있는 신학자 가운데 한 사람이 되게 한 한 여인을 살펴볼 것이다. 또 근세로 와서 경건한 어머니의 기도와 가르침과 본이 어떻게 전도자, 설교자, 충실한 신앙 옹호자들을 키워 냈는지를 살필 것이다. 그리하여 세상을 변화시킨 사람들을 길러 낸 어머니들에게 경의를 보낼 것이다.

글의 형식에 대해서

이 책은 내가 블로그(www.challies.com)에 연재한 글에서 시작되었다. 그 글을 읽고 많은 사람이 책으로 만들어 달라고 요청했다. 나는 책을 만들기 전에 몇몇 지인에게 글을 읽어 봐 달라고 부탁했다. 이 과정에서 많은 조언을 주며 글을 개선하고 유용하게 해 준 레베카 스타크와 멜리사 에징턴에게 감사드린다. 그들은 각 장 마지막 부분에 나오는 '묵상을 위한 질문'도 마련해 주었다. 멜리사는 각 사람의 전기에 대해 간단한 생각도 써 주었다. '한 어머니의 묵상'이라는 부분이다.

1

연약한 어머니의 영적인 힘

_존 뉴턴

John Newton, 1725-1807

존 뉴턴

"위대한 남자 뒤에는 위대한 여자가 있다."라는 말을 들어 본 적이 있을 것이다. 대부분의 격언과 마찬가지로 이 말도 보편적 진리는 아닐지 몰라도 일반적 진리는 된다. 그러나 이런 반전도 있다. 때로 그 위대한 여자는 남자의 '뒤에' 있지 않고 '앞에' 있다는 사실이다. 때로 그 위대한 여자는 그 남자의 아내가 아니라 어머니다. 이 책에서는 경건한 어머니로부터 영적인 영향을 받은 유명한 기독교 지도자들을 살펴볼 것이다.

먼저 신체적으로는 연약해도 영적으로는 큰 힘을 가진 어머니를 둔 한 사람부터 살피겠다. 이 사람의 어머니는 그에게 첫 번째 스승이자 가장 사랑하는 스승으로, 처음으로 진리를 가르쳐 주고, 그 진리를 삶으로 본 보여 준 분이었다. 이 사람은 온순한 어린 시절을 보냈으나, 이내 타락의 깊은 구덩이에 빠져들었다. 하지만 하나님의 놀라운 은혜로 마침내 건짐을 받았다. 후에 그는 이런 말을 했다. "나의 어머니는 나 때문에 괴로워하면서 수많은 기도와 눈물로 나를 하나님께 부탁드렸다. 지금 나는 그 기도의 열매를 거두고 있다는 것을 믿어 의심치 않는다."

이 사람은 영국의 성공회 신부이자 찬송가 작가인 존 뉴턴이다. 그는 방황하고, 도망치고, 온갖 죄를 저질렀지만, 결코 그 연약한 어머니의 큰 힘에서 벗어날 수는 없었다.

경건한 여인

존 뉴턴은 1725년 8월 4일 영국 런던에서 엘리자베스와 존의 외아들로 태어났다. 역사에는 그의 부모가 어떻게 만나서 결혼했는지 기록되어 있지 않지만, 아들의 삶에 끼친 영향에 대해서는 나타나 있다. 아버지 손은 엄격한 사람으로 일 때문에 집을 떠나 있는 시간이 많았다. 어머니 엘리자베스는 온유하고 자상한 여인으로 안타깝게도 일찍 세상을 떠났다.

엘리자베스는 1705년 영국 미들섹스에서 사이먼 스카트리프의 외동딸로 태어났다. 사이먼은 런던 동부에 살면서 수학 기기 제조자로 일했다. 엘리자베스의 어린 시절에 대해서는 거의 알려진 것이 없다. 다만 훌륭한 교육을 받았다는 사실과 비국교도(국교인 영국 성공회를 따르지 않는 개신교도)로 자랐다는 사실만 알려져 있다. 뉴턴의 아버지는 바다를 왕래하는 선장으로 지중해를 항해해야 하는 까닭에 한 번에 몇 달씩 집을 떠나 있곤 했다. 그는 집에 있을 때도 해상 수칙들을 고집하는 철저한 원칙주의자였다.

뉴턴이 태어날 때쯤 엘리자베스와 그녀의 남편은 데이비드 제닝스 박사가 목회하는 비국교도 교회인 올드 그래블 레인 독립 교회에 다니고 있었다. 엘리자베스의 믿음은 진실했으나, 남편의 믿음은 형식적이었다. 후에 뉴턴은 아버지는 도덕적인 사람이었지만, 진정으로 '신앙의 영향'을 받지는 못했다고 말했다.

뉴턴은 아버지의 오랜 부재로 따뜻한 믿음을 가진 어머니와 아주 가까워지게 되었다. 나중에 뉴턴은 어머니를 "연약하여 늘 병을 달고 사는 분으로, 혼자 있기를 좋아하는 비국교도 경건한 여인"이라고 설명했다. 엘리자베스는 당시 유행했던 결핵을 앓았고, 결국 그 병으로 죽었다. 그녀는 결핵의 여러 증상 가운데 하나인 만성적 피로 때문에 누워 있을 때가 많았다.

엘리자베스는 자신이 원하는 삶을 살 수는 없었지만 허송세월하지는 않았다. 아들과 함께 지낼 수 있는 시간이 얼마 남지 않은 것을 알고, 그 시간을 최대한 활용하고자 했다. 그녀는 교사 역할을 하면서 매일 많은 시간을 아들과 함께 보냈다. 그녀는 훌륭한 교사였고, 아들은 열성적이고 책을 좋아하는 학생이었다.

뉴턴은 놀라운 성장을 보였다. "네 살 때 나는 (어려운 이름을 빼고는) 지금처럼 글을 읽을 수 있게 되었다. 교회의 소요리문답도 근거 성구와 함께 외울 수 있었다. 그리고 아이작 와츠 박사의 소요리문답과 어린이 찬송가도 모두 외웠다." 이 자료를 통해 우리는 어머니 엘리자베스가 아들을 개혁 신학으로 꾸준히 가르쳤음을 알 수 있다. 나중에 뉴턴은 이렇게 썼다. "어머니는 외아들인 나를 가르치고 주님의 훈계로 양육하는 것을 삶의 주된 일과 즐거움으로 삼으셨다."

엘리자베스는 아들이 뛰어난 두뇌로 신학을 쉽게 이해하는 모습을 보며 하나님께서 그를 사역으로 불러 주시길 기도하고 소망했다. 뉴턴은 이렇게 썼다. "어머니는 어렸을 적 나의 진보를 특별히 기뻐하셨고, 혹시 주께서 나의 마음을 그쪽으로 이끄시지 않을까 하면서 처음부터 사역을 염두에 두고 나를 키우셨다." 엘리자베스는 기도를 통해 아들을 사역에 바치면서 스코틀랜드 세인트앤드루스 칼빈주의 신학교에 진학시킬 계획까지 세웠다.

그러나 안타깝게도 엘리자베스는 그날까지 살지 못했다. 1732년 초 병이 악화되어 심각한 증세가 나타나기 시작했다. 그녀는 바닷바람이 치료에 효과가 있기를 바라면서 해안 지역을 여행했다. 그러나 별다른 차도 없이 7월 11일 27세의 나이에 숨지고 말았다. 그녀는 존 뉴턴이 어머니의 마지막 때를 지켜보기에는 너무 어리다고 생각하여, 그를 가까운 사람들에게 잠시 맡겼다. 뉴턴은 일곱 번째 생일을 불과 2주 앞두고 어머니가 돌아가셨다는 슬픈 소식을 들었다.

그의 아버지는 1733년 항해에서 돌아와 아내가 죽었다는 소식을 듣고 곧 재혼했다. 뉴턴의 새어머니는 처음에는 뉴턴에게 관심을 가졌지만, 얼마 되지 않아 임신을 하게 되면서 그에게 소홀해졌다. 뉴턴은 냉담하고 반항적인 사람이 되어 갔다. 뉴턴이 기숙 학교 생활을 시작한 지 한두 해 되었을 때, 그는 고작 열한 살밖에 되지 않았으나 아버지는 그를 바다로 내보낼 적기라고 판단했다.

나머지 이야기는 역사에서 듣는 것과 같이 되었다. 존 뉴턴은 하나님을 거역하고 끔찍한 잔악 행위를 일삼았다. 그러나 후에 하나님의 놀라운 은혜를 체험하고 설교자, 찬송가 작가, 노예제 폐지론자가 되었다. 그는 자신이 작사한 유명한 찬송가 「나 같은 죄인 살리신」(Amazing Grace)에 자신의 이야기와 모든 그리스도인의 이야기를 담았다.

나 같은 죄인 살리신 / 주 은혜 놀라워 / 잃었던 생명 찾았고 / 광명을 얻었네(새찬송가 305장)

놀라운 은혜! 얼마나 감미로운 말인지 / 나 같은 비참한 자를 구원했으니! / 나는 한때 길을 잃었으나 이젠 찾았고 / 눈이 멀었으나 이젠 볼 수 있네(원문 직역)

연약한 몸, 강건한 믿음

존 뉴턴은 자신의 삶을 뒤돌아보면서 즉시 그 공을 어머니께로 돌렸다. 자신이 마침내 구원을 얻게 된 것은, 어렸을 때 어머니의 무릎에서 받은 교육과 어머니가 해 주신 많은 기도 덕분이라는 것을 알았기 때문이었다. 그래서 그는 이렇게 썼다.

한때 나는 어릴 때 배운 것을 버리고 죄악에 빠졌지만, 그것이 오랫동안 나를 떠나지 않고 거듭거듭 생각나 완전히 떨쳐 버릴 수가 없었다. 그러다가 마침내 주님께서 내 눈을 열어 주셨을 때 나는 그것을 기억하고 큰 유익을 얻었다.

뉴턴은 "엘리자베스가 내 기억에 심어 주신 것은 성경 구절과 교리문답, 찬송가, 시 등 아주 소중한 것들이었다. 그것은 오래오래 남는 것들이었다."라고 말했다. 뉴턴이 어릴 때 엘리자베스는 늘 중병을 앓고 있었지만 하나님이 주신 의무를 소홀히 하지 않았다. 오히려 병 때문에 일찍부터 서둘러 아들에게 기독교 교리와 행동의 기초를 심어 주려 했다.

그녀는 자신의 모든 것을 사용하여 아들을 향한 최고의 사랑을 보여 주었다. 하나님의 존재, 하나님의 거룩하심, 그의 삶을 향한 하나님의 명령을 가르쳐 주었고, 찬송도 알려 주어 죽을 때까지 가슴에 남아 있게 했다. 또 성경을 귀하게 여기고, 성경에서 영적인 힘과 능력을 구하도록 가르쳤다. 구원은 그리스도 예수를 믿는 믿음으로 얻는다는 복음의 기쁜 소식도 가르쳤다. 그녀는 하나님의 말씀 한마디 한마디를 소중히 여기고 따름으로써 하나님의 뜻에 기꺼이 순종하는 깊은 경건의 모습을 보여 주었다.

전기 작가 조너선 에이킨의 말대로 "그 아들이 어머니 무릎에서 배운 영적 교훈은 결코 잊히지 않았다. 오히려 그것이 기초가 되어 결국 뉴턴이 회심하고 기독교로 돌아오게 되었다." 따라서 우리는 경건한 어머니를 떠나서는 이 위대한 사람을 이해할 수 없다.

당신도 연약할 수 있다. 당신도 병마와 싸울 수 있다. 아니면 또 다른 연약함의 문제를 가지고 있을 수도 있다. 어머니는 신체적으로 연약해도 믿음에는 강건할 수 있음을 엘리자베스로부터 배워야 한다. 하나님께서는 가장 연약한 자를 사용하여 가장 위대한 소식을 전하시기를 기뻐하신다. 엘리자베스처럼 모든 시간, 모든 기회를 이용하라. 당신의 자녀를 사랑하고 가르치고 훈련할 날이 얼마나 남았는지 모르기 때문이다. 명심하라. 어린 시절에 배운 교훈은 쉽게 잊히지 않는다. 어린 시절에 세운 기초는 쉽게 무너지지 않는다. 어머니의 수고는 헛되지 않다.

한 어머니의 묵상

우리는 엘리자베스와 같은 상황이 아닐지라도 뉴턴의 이야기에서 큰 위로와 도전이 되는 교훈을 얻을 수 있다. 뉴턴이 어머니에게서 배운 모든 교훈은 일곱 살도 되기 전에 배운 것이었다. 학교에 입학하기도 전에 어머니로부터 기독교의 기본 신앙을 배운 것이다.

어린아이를 양육하는 그 힘든 일을 하고 있을 때는 종종 우리가 하는 일이 별로 중요하지 않다는 생각을 하기에 뉴턴의 이야기는 큰 격려가 된다. 자녀를 가르치는 동안 우리는 끝없이 이어지는 빨래와 설거지, 그리고 순간순간 드러나는 아이들의 죄성 앞에서 이런 일이 과연 효과가 있을까 하고 의심한다.

그러나 이 이야기는 어머니가 자녀를 그리스도께로 인도하기 위해 하는 일은 아주 작은 일도 매우 중요하며, 자녀는 우리 생각보다 훨씬 더 많은 것을 배우고 있다는 사실을 보여 준다. 그리고 우리가 자녀에게 가르치는 성경 말씀을 통해 성령께서 어떤 놀라운 일을 하실지 우리는 모른다는 사실을 보여 준다.

이 이야기는 방황하거나 빗나간 자녀를 둔 부모에게도 큰 힘이 된다. 자녀가 "마땅히 행할 길"로 돌아오리라는 보장이 없을 때도, 이 이야기는 그 보편적 진리가 사실임을 분명히 보여 주는 좋은 예가 된다. 어쩌면 이 이야기는 어머니의 기도가 오랜 세월이 흐른 후에 응답된 경우라고 할 수 있다.

  뉴턴의 어머니는 자기 아들을 우리가 자녀를 신뢰하는 것보다 더 많이 신뢰했다. 그녀는 어쩌면 뉴턴에게 배우기 어려운 것을 가르쳤을지도 모른다. 하지만 그녀 자신이 직접 시간을 들여 가르쳤기 때문에 뉴턴이 배울 수 있었고, 중요한 시기에 기억할 수 있었다. 그러므로 우리는 아이들이 너무 어리다고 생각하여 자신도 모르게 가르치는 일을 미루지 않도록 주의해야 한다. 우리는 때로 자녀가 교회에 다니면 성경적 기초를 배울 시간이 많을 것이라고 여긴다. 그러면서 집에서 가르치지 않아도 된다는 생각을 한다. 그러나 뉴턴의 이야기는 이런 생각에 큰 경종을 울린다.

  내가 듣기로는, 영적인 기초는 아홉 살 이전까지 매우 잘 형성된다고 한다. 만일 그렇다면 우리는 자녀에게 너무 늦게 가르치고 있거나, 너무 적게 가르치고 있다고 할 수 있다. 존 뉴턴과 어머니는 지금이 시작할 때임을 보여 준다. 예수님도 우리가 기대하지 않는 아주 어린 시절부터 일하신다.

• 묵상을 위한 질문 •

1. 자녀가 당신이 생각하지도 못한 영적 통찰력을 보여 주어 깜짝 놀란 적이 있는가?

2. 어린 시기에 자녀를 가르치는 일이 정말 중요한 것인지 의심해 본 적이 있는가? 존 뉴턴의 이야기를 읽은 후 어떻게 생각이 변했는가?

3. 자녀가 그리스도를 따르도록 가르치기 위해 당신이 지금 할 수 있는 일은 무엇인가?

4. 자녀에게 하나님의 진리를 가르칠 능력을 달라고 기도하는가? 자녀가 이 진리를 기억하여 그리스도를 따르는 기초로 삼게 해 달라고 기도하는가?

5. 이제 막 어머니가 되었거나 자녀에게 성경의 진리를 가르친 적이 없었다면, 가르치는 일을 시작하기가 쉽지 않을 것이다. 어떻게 시작해야 할지 잘 모르겠는가? 그렇다면 좋은 자료를 알려 달라고 목사님께 부탁하라.

참고 자료

John Newton, *The Works of John Newton* (Banner of Truth Trust, 1820).
Jonathan Aitken, *John Newton: From Disgrace to Amazing Grace* (Crossway, 2007).

2

경건한 어머니의 기도

_ 허드슨 테일러

James Hudson Taylor, 1832-1905

허드슨 테일러

허드슨 테일러의
어머니 아멜리아

　이 글을 준비하면서 경건한 어머니를 둔 그리스도인들을 찾기 위해 교회 역사에 나온 이야기들을 조사해 보았다. 좀 더 구체적으로는 주로 어머니로부터 영적인 영향을 받은 유명한 그리스도인들을 조사했다. 그런 사람들이 너무도 많은 것을 알고 큰 감동을 받았다. 그런 사람들 가운데 나라 전체와 기독교 선교의 방향을 바꾸어 놓은 위대한 선교사 한 분이 있다. 바로 중국 선교의 아버지라고 불리는 허드슨 테일러다. 이 장에서는 그의 이야기를 살펴보고자 한다.

　이 이야기를 제대로 하려면 그가 십대 시절 겪었던 영적 위기부터 살펴야 한다. 그때 그는 하나님과 세상 사이에서 갈피를 잡지 못하고 부의 유혹에 끌렸다. 이 절체절명의 위기의 순간, 허드슨 테일러는 기도하는 어머니의 큰 능력을 경험하게 된다.

하나님을 경외하는 가정

허드슨 테일러는 1832년 5월 21일 영국 반즐리에서 제임스와 아멜리아의 첫째 자녀로 태어났다. 아버지 제임스는 약사였다. 그는 의사가 되고 싶었으나 집안 형편이 어려워 약리학을 배웠다. 믿음의 가정에서 성장한 그는 어린 시절부터 헌신된 그리스도인이 되어 성경과 신학을 깊이 사랑했다. 제임스의 부모는 그가 어릴 때 웨슬리 교파 목사 벤자민 허드슨의 집 가까이로 이사했다. 제임스는 목사의 딸 아멜리아가 자기보다 여섯 살이나 어렸지만 금방 친구가 되었다.

아멜리아 역시 어릴 때부터 예수님을 믿는 믿음을 가지고 있었다. 가난한 가정에서 자란 그녀는 1824년 겨우 열여섯의 나이에 가정 교사로 일하게 되었다. 그러나 그녀는 이 일을 평생 하지는 않을 것이라고 확신했다. 그 무렵 제임스가 결혼할 생각이 있음을 알았기 때문이었다.

제임스와 아멜리아는 그해 약혼을 발표했다. 그러나 그들이 함께 살기 위해 제임스는 우선 공부를 마쳐야 했고, 다음에는 자신의 가게를 성공적으로 차려야 했다. 1831년에 이르러 제임스는 반즐리에 작은 가게를 마련했고, 4월 5일에 결혼식을 올렸다. 그러는 동안 제임스에게 설교의 은사가 있다는 사실이 확인되었다. 그는 뛰어난 평신도 설교자였기 때문에 매 주일 설교를 맡게 되었다. 주중 6일은 육신을 돌보는 일을, 일곱째 날에는 영혼을 돌보는 일을 한 것이다.

제임스와 아멜리아는 결혼 13개월 만에 첫아이를 얻었다. 그 아이는 아버지 이름을 따랐지만, 늘 어머니의 결혼 전 성(姓)을 따라 허드슨으로 불렸다. 그리고 곧 허드슨의 동생 아멜리아 주니어가 태어나고, 이어서 다른 형제자매들도 태어났는데, 그중 둘은 어려서 죽었다. 허드슨의 부모는 그가 태어나기 전에 그를 주의 사역에, 특히 중국 선교에 바쳤다. 허드슨은 사역을 시작한 후에야 그 사실을 알았다.

제임스는 사랑이 많은 아버지로 자녀들을 주님의 규율과 가르침으로 훈련하는 데 열심이었다. 그러나 규율에 엄격하고, 지나칠 정도로 검소하여 종종 경건의 한 수단으로 강제적 금욕을 주장하기도 했다. 아멜리아는 남편과는 반대로 친절하고, 온유하며, 인내심이 깊었다. 또 조용하면서도 명랑한 성격으로 유머 감각이 뛰어났다. 그녀는 교회에서 많은 존경을 받아 소녀 성경 반을 맡아 가르치기도 했다. 그녀는 늘 집을 개방해 손님들을 많이 초대했는데, 그중에는 특히 인근 마을에서 오는 신자들이 많았다. 아멜리아와 제임스는 늘 성경을 읽고 기도하며 함께 찬송하는 가정 예배를 통해 자녀들을 가르쳤다.

테일러 집 자녀들은 사랑이 넘치고 하나님을 경외하는 가정에서 자랐다. 부모는 교사의 역할을 했고, 형제자매는 우애가 깊었다. 허드슨은 일찍부터 영적인 일에 관심이 많았는데, 선교 사역에도 그랬다. 그러나 얼마 되지 않아 이 모든 것을 던져 버리는 문제에 직면하게 되었다.

기도하는 어머니의 힘

허드슨이 열다섯 살이 되자 아버지는 이제 그가 남자로서 좀 더 폭넓은 경험을 할 때라고 생각했다. 그리하여 허드슨은 한 은행에 취직하게 되었다. 거기서 그는 기독교 신앙을 대놓고 조롱하는 사람들을 접하게 되면서 그도 곧 그들처럼 행동하게 되었다. 또 이 직장에서 부에 대해, 그리고 부를 쌓아 누리고 사는 사람들에 대해 눈을 뜨게 되었다. 허드슨은 돈이 주는 쾌락에 끌리면서 영적인 생활에 시들해졌고, 기도와 성경 읽기에 흥미를 잃기 시작했다.

그러던 중 허드슨은 시력이 나빠져 은행을 그만두고 아버지의 가게로 돌아왔다. 허드슨은 그때 영적으로 위기 상태였다. 제임스는 아들을 도와주려고 했으나 그는 너무 거칠고, 참을성이 없었다. 위기는 더 심각해졌다. 이제 17세가 된 허드슨에게는 이때가 어려운 시기였다. 그는 낙심했고, 성미가 급했으며, 아버지의 엄격한 권위에 저항했다.

결국 아멜리아가 개입하기 시작했다. 그녀는 제임스와는 다른 방

식으로 허드슨을 이해했다. 그녀는 아들에게 이전보다 더욱더 친절하고, 온유하며, 인내심을 가지려는 노력을 했다. 물론 말로 타이르고 상담도 해 주었다. 그러나 아들을 위해 할 수 있는 최선의 일은 기도로 하나님께 구하는 것임을 확신했다.

짧은 휴일 동안 집을 떠나 있던 아멜리아는 더 많이 더 간절하게 기도하지 않고는 견딜 수가 없었다. 하루는 그런 마음이 너무 커져서 하나님께서 아들을 구해 주신다는 확신이 들 때까지 기도하기로 결심할 정도였다. 그녀는 자기 방에 들어가서 몇 시간 동안 아들에게 자비를 베풀어 달라고 기도했다. 그러자 갑자기 하나님이 기도에 응답해 주셨다는 믿음이 생겼다. 그녀의 마음은 간구에서 찬양으로 바뀌었고, 허드슨을 구원해 주신 하나님께 경배를 드렸다.

그동안 허드슨은 집에 있었다. 지루하고 짜증이 난 허드슨은 뭔가 할 일을 찾기 시작했다. 이곳저곳을 서성이다 아버지 서재로 들어가서 서가에서 이 책 저 책 꺼내 보았지만, 관심을 끄는 것이 없었다. 그러다가 마침 '불쌍한 리처드'(Poor Richard)라는 전도지에 눈길이 갔다. 그는 그 이야기를 읽다가 "그리스도께서 다 이루신 일"이라는 구절을 보게 되었다. 그 순간 허드슨은 그리스도께서 구원에 필요한 모든 것을 다 이루셨으며, 이제 할 일은 그것을 믿음으로 받아들이는 것뿐이라는 사실을 이해했다.

허드슨은 바로 그 자리에서 무릎을 꿇고 주님께 자신을 드려 평생 주님을 섬기겠다고 약속했다. 그가 무릎을 꿇고 구원을 주신 하나님을 찬양할 때, 그의 어머니도 몇 마일 떨어진 곳에서 그와 동일한 일을 하고 있었다. 허드슨도 곧 이 사실을 알게 되었다.

며칠 후, 그는 어머니를 다시 만나자마자 "어머니께 드릴 말씀이 있어요!"라고 소리쳤다. 그러자 어머니는 그가 말을 꺼내기도 전에 "무슨 말인지 알아! 하나님께 헌신하기로 했다는 거지."라고 대답했다. 그러면서 벌써 며칠째 그의 구원을 기뻐하고 있다고 설명했다.

(그의 동생 아멜리아 주니어 역시 그 시각에 그의 회심을 위해 기도하고 있었던 것은 분명 우연의 일치가 아니다. 동생은 열세 살밖에 되지 않았지만 허드슨을 구원해 달라는 기도를 하루 세 번씩 드리기로 하나님께 서약했었다. 허드슨은 나중에 우연히 동생의 일기장을 보고 자기가 구원받기 한 달 전에 동생이 이런 서약을 했음을 알게 되었다. 많은 그리스도인 남자들 뒤에는 경건한 어머니가 있고, 또 경건한 형제자매를 둔 경우도 많다.)

테일러의 삶은 완전히 변화되었다. 그는 곧 선교 사역에 헌신하기 위해 의사 훈련을 받은 후 설교를 시작했고, 마침내 1853년 중국으로 출발하게 되었다. 테일러는 어머니와의 작별의 순간을 묘사하면서 그들의 사랑과 어머니의 간절한 기도에 대해 이렇게 말했다.

> 이제는 거룩한 성도이신 사랑하는 어머니께서 나를 배웅하러 리버풀까지 오셨다. 나는 그날을 결코 잊지 못할 것이다. 어머니는 거의

6개월 동안 내 집이 될 선실로 함께 오셔서 자애로운 손길로 작은 침대를 어루만지셨다. 그리고 내 곁에 앉아서 작별에 앞서 마지막 찬송을 함께 부르셨다. 우리는 함께 무릎을 꿇었고, 어머니께서 기도하셨다. 중국으로 떠나기 전에 마지막으로 들은 어머니의 기도였다. 이제 떠나야 한다는 신호에 우리는 지상에서 다시 만날 수 없으리라 생각하면서 작별 인사를 했다.

어머니는 나를 위해 최대한 감정을 누르셨다. 우리는 헤어졌고, 어머니는 축복을 빌며 해안가로 가셨다. 나는 갑판 위에 홀로 서 있었고, 어머니는 부두를 빠져나가는 배를 따라오셨다. 배가 부두를 다 지나자 정말로 이별이 시작되었다. 나는 어머니의 마음에서 우러나온 고통의 절규를 절대 잊지 못할 것이다. 그 소리는 마치 칼로 에는 듯 내 마음을 후벼 팠다. 그때 비로소 나는 "하나님이 세상을 이처럼 사랑하사"라는 말씀의 의미를 제대로 알 것 같았다. 어머니도 그때 평생 배운 것보다 더 많이 하나님의 사랑을 배우셨으리라 확신한다.

허드슨은 선교 현장에서도 계속 어머니의 기도에 의지했다. 그는 어머니께 기도를 부탁하면서 애정 어린 편지를 보냈다. "사랑하는 어머니, 하나님이 함께하시며 복을 주시고, 예수님의 소중함을 깨달아 오직 '그를 알기' 원하며… '그의 고난에 참여함'도 알기 원하게 되시기를 바랍니다." 아멜리아는 멀리서 그의 선교사 아들을 격려하고 조언했다. 그들의 이런 친밀함은 1881년 그녀가 죽기 전까지 계속되었다.

허드슨 테일러는 중국에서 51년간 사역하면서 중국 내지 선교회(China Inland Mission, 현재 OMF 인터내셔널)를 창립했다. 수백 명의 선교사가 그를 따라 중국으로 갔고, 수천 명의 중국인이 그리스도를 알게 되었다. 그리하여 허드슨은 위대한 선교사 가운데 한 사람으로 알려지게 되었다. 그에 관한 이야기는 기도하는 어머니의 힘을 인정하지 않고는 말할 수 없다.

경건한 가정에서 다정한 어머니 아래 양육을 받았어도 일부 자녀들은 하나님을 떠나 세상의 악한 욕망에 이끌릴 수 있다. 그러나 자녀가 아무리 방황한다 해도, 어떤 상황에서도 절망해서는 안 된다. 당신도 아멜리아처럼 기도할 수 있기 때문이다. 그와 같은 분명하고 놀라운 기도 응답을 받지 못할 수도 있다. 그러나 자녀를 위해 전능하신 하나님께 간구하며 믿음으로 부르짖는다면, 언젠가 슬픔의 눈물이 기쁨의 눈물로 바뀌는 날이 반드시 올 것이다.

한 어머니의 묵상

특별히 이 이야기를 생각하며 명심해야 할 것은, 아무리 연약한 어머니라 해도(완전히 실패한 것처럼 생각될 때도, 제대로 하는 일이 아무것도 없는 것 같을 때도, 자녀에게 그리스도를 모시는 삶을 보여 주지 못하는 것 같을 때도) 기도할 수 있다는 것이다. 이것은 어린아이도 할 수 있는 일이다. 당신은 언제든지 예수님 앞에 무릎 꿇고 슬픔과 고민을 쏟아 놓을 수 있으며, 당신이 엉망으로 만들고 있다고 느끼는 그 소중한 자녀를 주님께 맡길 수 있다. 당신은 자녀를 구원하기에는 자신이 너무도 연약하고 불완전하다는 사실을 알 것이다.

어머니로서 자녀를 도무지 어떻게 양육해야 할지 모르겠고, 힘과 생각이 바닥나 자녀에 대한 소망이 끊어졌어도 기도할 수 있다. 그러면 자신이 아니라 그리스도에게서 필요한 모든 힘과 능력을 얻을 수 있다. 아멜리아가 자기 방에서 종일 기도한 일에서부터 허드슨이 멀리 떠나가는 날 가슴 아프게 부르짖은 일까지, 이 모든 것은 자녀를 하나님께 부탁하는 방법을 보여 준다. 아멜리아는 아들을 그리스도께 맡겼고, 그리스도는 그녀에게 아들을 내려놓을 믿음을 주셨다. 그녀가 그렇게 그리스도를 의지할 수 있었던(너무 아름답다!) 까닭은 바로 헌신적인 기도 생활 때문이었다.

• 묵상을 위한 질문 •

1. 어린 시절 당신의 어머니는 기도하는 어머니였는가? 어머니의 기도는 당신의 삶에 어떤 영향을 미쳤는가?

2. 당신의 기도 생활과 자녀를 위한 기도에 하나님은 신실하심을 보여 주셨는가? 당신의 기도 생활에 하나님이 보여 주신 은혜와 사랑에 감사하는 시간을 가지라.

3. 지금 자녀 때문에 고민하고 걱정하고 있다면, 염려와 기도 중 어느 것에 더 많은 시간을 들이겠는가? 오늘 자녀를 위해 기도할 수 있는 구체적인 방법을 말해 보라.

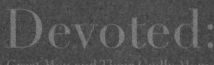

참고 자료

Howard Taylor, *The Spiritual Secret of Hudson Taylor* (Moody Publishing, 2012).
Jim Cromarty, *It Is Not Death to Die: A New Biography of Hudson Taylor* (Christian Focus, 2014).

3

훈련과 다정함의 영향력

_존 그레샴 메이첸
John Gresham Machen, 1881-1937

존 그레샴 메이첸

    그리스도인 부모의 가장 큰 소망은 자녀가 경건하게 자라는 것이다. 자녀가 우리의 보살핌 아래 있는 동안, 우리는 그들이 예수님을 주로 고백하고, 그의 말씀을 귀하게 여기며, 그리스도의 형상을 본받게 되도록 기도한다. 그리고 기도할 때 우리는 그들을 바른 교리로 훈련하고, 성경에 깊이 뿌리내리게 하며, 그들이 잘되도록 훈육하는 일을 열심히 하게 된다.

    그러나 그리스도인 부모는 붙들었던 손을 놓고 자녀가 세상으로 떠나갈 날이 온다는 것도 알고 있다. 그날이 이르면 우리는 자녀가 우리에게 받았던 가르침에서 떠나지 않기를 소원한다. 그때가 쉽지 않은 이유는, 자녀가 세상의 속임수에 빠진다 해도 흔들림 없이 자녀를 사랑하면서 하나님 아버지의 변함없는 사랑을 보여 주어야 하기 때문이다.

이제까지 우리는 육적으로는 연약하지만 영적으로는 강한 어머니의 힘과 간절히 기도한 어머니의 힘을 보았다. 이번에는 아들을 바른 교리로 부지런히 훈련하고 마지막까지 흔들림 없이 사랑한 어머니의 힘을 살펴볼 것이다.

행복한 가정

존 그레샴 메이첸은 1881년 7월 28일 미국 메릴랜드주 볼티모어에서 아서와 메리의 세 아들 가운데 둘째로 태어났다. 아서는 하버드에서 공부한 변호사로 성공적으로 변호사 일을 하면서 취미로 고전을 공부했다. 언어를 좋아하는 그는 영어, 라틴어, 그리스어, 프랑스어, 이탈리아어에 능통했다. 또한 익명으로 출판하기는 했지만 여러 권의 책을 낸 작가이기도 했다.

메리(미니[Minnie]로 불리기도 했다)도 남편 못지않게 지적인 사람이었다. 그녀는 미국 조지아주에서 태어났으며, 그녀의 집안은 목화와 철도 사업으로 돈을 번 부유한 특권층이었다. 보수적이고 독실한 신앙을 가진 장로교 집안이기도 했다. 그녀는 웨슬리언대학을 졸업했고, 평생 독서와 글쓰기를 좋아해서 노년에는 책을 한 권 내기도 했다. 메리는 아서보다 21세나 연하로, 1873년 그들이 결혼할 때 아서는 45세, 메리는 24세였다. 그들은 결혼 생활에 쉽게 적응했고,

곧 세 아들 아서 주니어, 존 그레샴, 토머스를 낳았다.

그레샴의 어린 시절은 순탄하고 부유했다. 경건하게 그 시절을 보내기도 했는데, 그것은 부모가 전통적이고 보수적인 프랭클린 스트리트 장로교회에 출석하는 헌신적인 그리스도인이었기 때문이었다.

미니는 그레샴과 특별히 가까웠으며, 그의 성장에 큰 영향을 끼쳤다. 그레샴은 그녀의 무릎에서 처음으로 성경을 배웠고, 『천로역정』을 통해 그리스도인의 삶에 대해서도 배웠다. 미니는 장로교 후손답게 아들에게 웨스트민스터 교리문답을 열심히 가르쳐서 역사적 개혁 신앙을 이해하고 받아들이도록 이끌어 주었다. 또한 아들들을 위해 늘 주일 오후 성경 공부와 토의를 준비했다. 나중에는 그들의 논문을 읽고 비평하는 등 교육에도 신경을 썼다.

그레샴은 이내 기하학에서 헬라어까지 여러 과목에서 1등을 차지하며 학자로서 두각을 나타냈다. 열다섯 살 때는 진지하게 신앙고백을 하고 교회의 정식 신자가 되었다.

이때까지는 본인도 부모도 그의 인생이 어떻게 전개될지 전혀 짐작하지 못했다. 후에 그는 탁월한 신약 학자가 되어 미국 최고 신학교의 교수 자리를 얻었고, 나중에는 새로운 신학교와 교단을 세우는 데 도움을 주고 이끌게 되었다. 또한 많은 책을 출판했는데, 그중 일부는 오늘날에도 당시처럼 중요한 책으로 사용되고 있다. 그레샴은 떠오르는 자유주의 신학에 맞서 정통 기독교 신앙을 충실하게 옹호하는 사람이 되었다. 그렇지만 그의 후반기 삶을 이해하려면 반드시 그가 젊었을 때 자유주의 신학과 맞닥뜨렸던 일과 초기에 그것을 따르고 싶은 유혹을 받았던 일을 살펴보아야 한다.

지혜로운 어머니의 조언

그레샴은 고등학교를 우등으로 졸업한 후 존스홉킨스대학교에 진학해 고전을 전공했고, 뛰어난 성적으로 졸업했다. 삶에 대한 분명한 목적이 없었던 그는 아버지의 뒤를 따르려는 생각으로 국제법과 금융을 공부하기 위해 시카고대학교로 갔다. 그러나 부모와 목사님과 의논한 후에 프린스턴신학교에 등록하기로 했다. 하지만 안수나 목회에는 관심이 없음을 분명히 했다. 그곳에서 그는 저명한 교수진 아래서 공부했고, 또다시 유능한 학생임을 보여 주었다.

1905년 그레샴은 1년간 독일에서 공부하기로 했는데, 거기서 뜻밖에도 그가 어린 시절 배웠던 바른 교훈에 대한 도전을 받게 된다. 그것은 바로 독일 자유주의 신학으로, 특히 예수 그리스도의 기적적 부활에 대한 회의론이 그랬다. 그는 자유주의의 주장에 맞서는 훈련을 받았지만, 자상하고 따뜻하며 기독교적 경건의 본보기를 보이는 교수가 그 신학을 옹호하자 맞서기 어려워했다.

그레샴은 자유주의에 관해 쓴 글에서 이렇게 말했다. "헤르만 교수는 내가 늘 기독교의 핵심이라고 여겨 온 것들을 거의 인정하지 않았다. 그렇지만 그가 그리스도인이며, 그것도 특별히 진지한 유형의 그리스도인이라는 것은 전혀 의심되지 않았다." 그레샴은 헤르만의 신학은 그동안 비성경적이라고 생각해 온 것이었지만, 그의 신앙은 자신의 신앙보다 훨씬 깊고 따뜻하다고 느꼈다. 그렇다면 그 자유주의는 기독교 신앙에 위협이 아니라 기독교 신앙을 여는 수단이 될 수 있다는 것일까?

메이첸은 자유주의의 주장과 씨름하면서 그 타당성에 끌리기도 했다. 즉, 기독교 신앙에 대한 두 가지 서로 다른 이해, 다시 말해서 전통적이지만 고루해 보이는 것과 신선하면서도 그럴싸하게 보이는 것 사이에서 갈피를 잡을 수 없었다. 이 위기 속에서 그는 늘 존경하고 지혜를 구하는 대상이던 어머니를 생각했다. 나중에 그는 어머니에 대해 이렇게 썼다. "기독교에 다른 무엇이 있다 해도 기독교의 진정한 핵심은 그리스도의 대속적 죽음에 있다는 것을 영원히 확신하지 않고서는 누구든 우리 어머니를 알 수 없다고 생각한다."

미니는 아들이 신학적 정체성에 대한 고민에 빠지자 걱정되기 시작했다. 그러나 그녀는 성경에 뿌리를 두고 있었기에, 두려움이나 분노로 아들을 나무라는 것은 바르지 않다는 것을 알고 있었다. 그래서 하나님의 은혜에 의지하면서 아들을 위로하고 한결같은 사랑을 보여 주기로 했다. 미니는 아들에게 이렇게 편지를 썼다.

내가 너에 대해 장담할 수 있는 한 가지는, 네가 어떤 일을 해도 내가 너를 사랑하는 것을 막을 수 없다는 것이다. 나를 슬프게 하는 일은 얼마든지 할 수 있다. 어쩌면 내가 너무 염려하는지도 모르겠다. 그렇지만 우리 아들을 향한 나의 사랑은 절대로 무너뜨릴 수 없다. 어떤 일이 닥쳐도 그것을 믿어라. 나는 너를 믿으며, 네가 어떤 일을 하든 힘이 주어지고, 길이 열리리라 생각한다.

어머니의 사랑과 몇몇 경건한 멘토들의 조언 덕분에 그레샴은 위기에서 벗어나 어렸을 때 배웠던 바른 교리로 돌아왔다. 한 전기 작가는 그레샴에 대해 이렇게 썼다. "깊은 영적 공감에 대한 그의 욕구를 채워 주는 일이나 그의 사랑과 존경을 받는 일에 있어서 그 누구도 그의 어머니에 맞설 수 없었다." 하나님의 도우심으로 어머니의 훈련과 다정함은 아들을 다시 그 뿌리로 돌아가게 했다.

그레샴은 곧 프린스턴신학교에서 신약을 가르치게 되었고, 교수와 학생들에게 크게 존경을 받았다. 거기서 그는 1926년까지 가르쳤다. 제1차 세계 대전 동안 해외 복무로 그 일을 중단하기도 했으나, 자유주의가 계속 교계에 영향을 미치고 있어 대책을 세워야 했다. 1929년 그는 웨스트민스터신학교를 세우는 일에, 1936년에는 새로운 교단인 정통장로교회(OPC)를 세우는 일에 앞장섰다.

그레샴은 평생 독신으로 살았으며, 어머니가 그의 생애에서 가장 가까운 여인이었다. 1931년 어머니의 죽음은 그에게 가장 슬픈 일이었다. 어머니만큼 그를 존경하고 변함없이 지지해 주는 사람은 없었다. 어머니만큼 그에게 그토록 영향을 받은 사람도 없을 것이다.

어머니는 그에게 이런 편지를 보낸 적이 있다. "네가 하는 일에 대한 나의 자부심과 기쁨을 절반도 표현할 수 없구나. 너는 이 시대에 가장 중요한 문제를 아주 능숙하게 해결했고, 또 내가 느끼는 것을 나 자신보다 훨씬 더 잘 표현했다." 가족이 그녀를 안장하던 날 그레샴은 이렇게 썼다. "나의 어머니는 (적어도 나에게는) 가장 지혜롭고 가장 훌륭한 사람이었다."

하나님은 미니의 강력한 지성과 따뜻한 친절을 사용하여 한 사람을 길러 내셨고, 신앙에 대한 그의 충실한 옹호를 통해 여러 세대의 그리스도인들을 돕게 하셨다. 지금도 하나님은 그런 어머니들을 들어 사용하고 계신다. 자녀에게 말씀과 바른 교리를 가르치는 데 어려움을 겪고 있다면 미니에게 배우라. 어머니의 수고는 장래를 위한 견고한 기초를 세우는 일이다. 이리저리 헤매고 있는 자녀에게 한결같은 사랑을 보여 주기 위해 애쓰고 있다면, 미니를 통해 하나님은 때로 그런 애정을 사용하셔서 자녀들이 하나님께로 돌아오게 하신다는 사실을 배우길 바란다. 어머니는 훈련과 다정함을 통해 하나님 아버지의 사랑을 보여 주고 있다.

미니는 아들의 첫 번째 교사였고, 남편과 함께 아들을 그리스도께로 인도한 사람이었다. 그레샴은 종종 아버지에게 이런 말을 했다.

> 아버지와 어머니에게서 배운 것이 없었다면 신앙이나 도덕에 대한 모든 생각을 오래전에 버렸을 것입니다. … 아버지와 어머니가 영적으로 늘 함께하신다는 사실과 두 분의 기독교 가르침만이 내게 유익을 주었습니다.

아들이 큰 어려움에 빠져 있을 때 미니는 그를 사랑으로 위로하고 하나님의 말씀으로 조언했다. 그 위기는 물론 그 이후 그가 겪는 모든 논쟁 속에서도 그녀는 아들에게 견고한 지지를 보냈다. 그레샴의 역작 『기독교와 자유주의』의 첫 페이지에 '나의 어머니께'라는 간단한 헌사가 실린 것은 당연한 일일 것이다.

한 어머니의 묵상

아들을 향한 자신의 사랑을 깨뜨릴 수 없다는 미니의 말이 참 좋다. 내가 아는 한 거의 모든 어머니가 자기 아이를 향해 그런 사랑을 느끼기에, 나는 이것이 당연하다고 생각한다. 미니는 그런 사랑은 하나님께로부터 오며, 하나님께서 그 사랑을 사용하셔서 자녀를 성장하게 하시고, 자녀를 그리스도와 경건의 길로 인도하신다는(또는 돌이키게 하신다는) 사실을 보여 준다.

자녀를 열렬히 사랑하는가? 이것은 어머니에게 있어서 세상에서 가장 자연스러운 일이다! 그러므로 하나님이 우리 안에 넣어 주신 그 사랑을 나타내는 일이 자녀의 영적 성장에 유익하다는 것을 보면서 큰 힘이 되었다.

또 생각할 일이 있다. 아들의 학문적 성공을 생각해 볼 때, 만일 미니가 아들에게 견고한 기초를 세워 주지 않았거나, 아들이 자유주의로 돌아섰을 때 사랑과 믿음을 보여 주지 않고 멀리하거나 책망했다면, 그는 자유주의 신학자로서 세상에 큰 흔적을 남겼을 것이다. 미니의 훈련과 사랑의 반응이 아들을 자유주의에 빠지지 않게 하고, 반대로 자유주의에 맞서 싸우는 정통 성경학자로서 영향을 끼치게 했다는 것도 분명히 알 수 있다. 다른 어머니들도 그리스도의 대의에 도움이 되는 영향을 주었지만, 이 경우 미니의 영향력이 아들로 하여금 그릇된 교리를 퍼뜨리거나 성경의 권위를 훼손하지 못하게 했으며, 하나님 나라를 대적하지 못하게 했다고 말할 수 있다.

• 묵상을 위한 질문 •

1. 어떤 방법으로 자녀의 신앙 교육을 하고 있는가? 하나님의 말씀을 규칙적으로 공부하는가? 기독교 교리에 기초하고 있는가?

2. 자녀가 당신 안에 있는 "소망에 관한 이유"를 물을 때 "대답할" 준비가 되어 있는가?(벧전 3:15) 자녀가 회의에 빠졌을 때 온유함을 보일 수 있도록 하나님께 기도했는가?

3. 부모가 자녀에게 주는 영향이 자녀가 하나님 나라에 미치는 영향과 직결된다는 사실을 생각해 본 적이 있는가? 이 점을 고려할 때 자녀에게 견고한 기초를 세워 주기 위해 오늘 할 수 있는 일은 무엇인가?

4. 자녀의 믿음이 불신자들로부터 공격을 받을 때 지켜 달라는 기도를 드린 적이 있는가?

5. 오늘 또는 이번 주나 이번 달에 하나님에 대해 배운 것은 무엇인가? 부모로서 그 지식을 오늘날 어떻게 사용할 수 있겠는가?

참고 자료

Ned Stonehouse, *J. Gresham Machen: A Biographical Memoir* (Banner of Truth, 1998).
Rev. Randy Oliver, "Defender of the Faith: The Life of John Gresham Machen", (March 18, 2001), *IIIM Magazine Online*, http://www.thirdmill.org/files/english/html/ch/CH.h.Oliver.Machen.1.html.
Stephen Nichols, *J. Gresham Machen: A Guided Tour of His Life and Thought*, (P&R Publishing, 2004).

4

경건한 어머니의 인내
_ **크리스토퍼 위안**
Christopher Yuan, 1970 -

　말 한마디가 인생을 바꾸어 놓을 수 있다. 안젤라 위안은 사랑하는 아들의 말 한마디에 가슴이 찢어지는 듯한 일을 경험하면서 이 진리를 어렵게 배우게 되었다. 이 자신만만한 무신론자 어머니는 "나는 동성애자예요."라는 말을 들을 준비가 되어 있지 않았다. 그녀는 어떻게든 대답을 해 보려고 했지만 너무나도 고통스럽고 수치스러웠다. 마침내 그녀가 입을 열었다. "선택해라. 가족을 택하든지 동성애를 택하든지 해라." 아들은 결정을 내렸다. 짐을 싸서 집을 나가 버린 것이다.

　크리스토퍼 위안과 그의 어머니 안젤라의 이야기는 여기서부터 시작해야 한다. 이 책에서 우리가 만나는 거의 모든 사람은 기독교 가정에서 태어났으며, 하나님을 사랑하고 주님의 훈계와 가르침으로 그들을 키워 준 어머니가 있다. 그러나 이번 이야기는 다르다. 크리스토퍼는 무신론자 가정에서 태어났고, 하나님이 그의 어머니에게 역사하신 후에 비로소 그에게 역사하실 수 있었기 때문이다. 즉, 하나님은 안젤라를 구원하시고, 그 어머니를 통해 경건한 어머니의 인내를 보여 주심으로 비로소 크리스토퍼를 구원하셨다.

무신론에서 생명으로

크리스토퍼는 미국 일리노이주 시카고에서 리안과 안젤라의 두 아들 중 막내로 자랐다. 안젤라는 중국 상하이에서 태어나 타이완에서 성장했다. 그녀의 아버지는 상선 선원이었고, 어머니는 정치가이자 커리어 우먼이었다. 그렇게 바쁜 부모를 둔 까닭에 안젤라와 그녀의 형제들은 보모에게 맡겨져 부모의 사랑과 관심을 갈망하며 성장했다. 그래서 어린 시절부터 안젤라는 나중에 크면 남편과 자녀에게 전념하여 자신이 누리지 못했던 따뜻한 가정을 만들겠다고 생각했다.

리안과 안젤라는 타이완의 대학에서 만나, 이후 대학원에 진학하기 위해 1964년 미국으로 건너갔다. 그리고 다음 해 결혼했다. 얼마 후 리안은 물리화학 박사 학위를 받았고, 안젤라는 그동안 은행원으로 일하며 남편을 뒷바라지했다. 리안이 졸업하자 안젤라는 첫째 아이 스티븐을 낳았고, 그다음 크리스토퍼를 낳았다. 리안이 치의학 박사 과정에 들어간 후에는 야간에 신장 투석 기사로 일하고, 낮에는 아이들을 돌보았다.

리안과 안젤라는 이후 치과 병원을 개업했고, 빠르게 번창하기 시작했다. 스티븐과 크리스토퍼도 학교가 끝나면 부모를 도왔다. 일종의 가족 기업이었던 것이다. 스티븐과 크리스토퍼는 똑똑하고, 예의 바르며, 성적이 좋았다. 한동안 가정에는 희망이 넘쳤다. 그들의 꿈이 이루어진 것이었다.

그러나 안젤라와 리안의 사이가 냉담해지면서 아이들도 의욕을 잃고 방황하기 시작했다. 스티븐은 대학을 졸업하자 집을 나가 부모의 양육을 거부했다. 이제 크리스토퍼가 안젤라의 마지막 희망이었고, 얼마 동안은 그 희망이 이루어지는 것 같았다. 크리스토퍼는 루이빌에 있는 치과 대학에 입학해 좋은 성적을 얻었다. 얼마 있으면 졸업하여 아버지의 병원으로 오게 될 것이었다.

그런데 그때 말 한마디가 안젤라의 모든 꿈과 희망을 무너뜨렸다. 리안이 우연히 동성애 포르노물을 찾아냈고, 크리스토퍼는 어쩔 수 없이 사실을 털어놓았다. 크리스토퍼는 그동안 부모에게는 감추고 있었지만, 대학원에서는 이미 공개적으로 동성애자로 살고 있었다. 안젤라는 그에게 최후통첩을 했고, 크리스토퍼는 "이건 내가 선택할 수 있는 것이 아닙니다. 나는 이렇게 태어났습니다."라고 하며 작별을 고했다.

안젤라는 이 일을 감당할 수 없었다. 그녀는 '루이빌로 가서 크리스토퍼에게 작별을 고하고 자살하겠다'는 계획을 세웠다. 그러다가 출발하기 전에 한 목사님을 찾아가기로 했다. 공개적인 무신론자로서는 도무지 설명되지 않는 결정이었다. 목사님은 친절하게 최선을 다해 그녀를 위로하고 작은 책 한 권을 건네주었다.

다음 날 루이빌로 가는 기차 안에서 그녀는 가방을 뒤져 그 책을 꺼냈다. 그러고는 하나님의 사랑과 사람들을 구원하려는 하나님의 소원에 관해 읽기 시작했다. "높음이나 깊음이나 다른 어떤 피조물이라도 우리를 우리 주 그리스도 예수 안에 있는 하나님의 사랑에서 끊을 수 없으리라"(롬 8:39)라는 말씀을 읽으면서 그녀는 가슴이 뻥 뚫리는 것 같았다. 그 책을 통해 안젤라는 하나님이 살아 계시며 자신은 하나님께 속했다는 것을 알게 되었다. 루이빌에 도착했을 때 그녀는 그리스도인이 되어 있었다. 그녀는 크리스토퍼의 학교로 가서 작별 인사를 하는 대신 "어떤 일이 있어도 나는 너를 사랑한다."라고만 말했다.

안젤라는 즉시 성경을 사서 전심으로 읽고 기도했다. 그리고 얼마 후 자신의 가장 큰 관심은 크리스토퍼의 성 정체성이 아니라 그의 영혼이어야 한다는 것을 깨달았다. 그녀는 아들을 구원하기 위해서라면 어떤 일이라도 해 달라고 하나님께 기도했다. 그리고 하나님께서 응답하실 때까지 인내하며 기도하겠다고 서약했다.

거듭난 어머니

한편 크리스토퍼는 게이 클럽에서 많은 시간을 보내다가 치과 대학 졸업 3개월을 앞두고 퇴학당할 위기에 처했다. 리안과 안젤라는 루이빌로 가서 학장과 그 상황을 의논했다. 안젤라는 학장에게 크리스토퍼가 치과 의사가 되고 안 되고는 중요하지 않으며, 그리스도의 제자가 되는 것이 훨씬 더 중요하다고 말해서 아들을 놀라게 했다. 그때 그녀에게는 아들의 교육과 진로 문제는 주님을 믿는 자가 되는 것에 비하면 별로 중요한 문제가 아니었다.

화가 난 크리스토퍼는 동성애자 모임을 더 많이 벌였다. 그 일이 아주 잘되자 그는 이내 전국을 돌아다니며 부유하고 유명한 사람들과 어울렸다. 그러면서 사람과 사귀는 일에 실패를 경험했고, 이는 파티와 난잡한 성관계로 이어졌다. 그는 처음에는 마약을 복용했고, 다음에는 마약을 팔기 시작했으며, 그다음에는 유명한 마약 공급책이 되었다. 세월이 흘렀다. 그는 자신이 원하던 대로 동성애자 집단에서 인기를 누리며 터줏대감으로서 최고의 삶을 살고 있었다.

그러나 그는 어머니가 기도하고 있다는 것은 전혀 알지 못했다. 어머니는 수년 동안 아들을 구원해 달라고 하나님께 간절하게 기도했다. 그녀는 집에서 사용하지 않는 샤워실을 기도실로 개조하여 매일 아침 거기서 몇 시간씩 기도하고 성경을 공부했다. 무릎에 굳은 살이 박여 딱딱해졌다. 그녀는 매주 월요일마다 금식 기도를 했고, 한번은 39일간 금식한 적도 있었다. 또한 수백 명의 지인에게 아들을 위한 중보 기도를 부탁하기도 했다. 크리스토퍼가 파티를 여는 동안 어머니는 기도한 것이다. 특별히 안젤라는 어떤 식으로든 크리스토퍼의 친구들이 아들 곁을 떠나게 해 달라고 기도했다.

그러던 어느 날 마약 수사대가 크리스토퍼의 아파트로 들이닥쳐 그를 마약법 위반 혐의로 체포했다. 크리스토퍼는 6년 형을 선고받고 연방 교도소에 감금되었다. 그러자 친구들이 즉시 그를 떠났다. 안젤라의 기도가 이루어진 것이다. 크리스토퍼는 완전히 홀로 된 채 6년이라는 힘든 시간을 견뎌야 했다. 달리 의지할 것이 없게 되자 그는 집으로 전화를 했다. "엄마…. 나 교도소에 있어요."

그 소식에 안젤라는 절망하지 않고 감사했다. 하나님께서 어떤 일이든 해 달라고 기도했기 때문이었다. 응답하신 것이었다. 그녀는 기도하는 마음으로 감사해야 할 이유를 하나하나 살피면서 정리하기로 했다. 급히 계산기에 감긴 종이를 찢어서 감사해야 할 첫 번째 이유를 썼다. "크리스토퍼는 안전한 곳에 있고, 처음으로 우리에게 전화했다." 감사할 이유는 계속 많아졌다. 그래서 그녀는 계속 기도하고 금식하며 끈질기게 간구했다. 드디어 하나님께서 응답하시기 시작했다.

교도소에서 3일째 되는 날, 크리스토퍼는 쓰레기더미를 지나치다가 책 한 권을 발견했다. 기드온 신약 성경이었다. 달리 할 일이 없었기에 그는 감방으로 돌아가 그 책을 읽기 시작했다. 처음부터 끝까지 읽고 또 읽었다. 뜻이 이해되기 시작했다. 다음에는 친구와 함께 성경을 공부하기 시작했다. 그런데 갑자기 충격적인 소식을 통보받았다. 혈액 검사 결과 에이즈 양성 반응이 나왔다는 것이었다.

그는 즉시 다른 교도소로 이감되었고, 2층 침대 아래 칸에 있다가 우연히 위 칸 침대 밑에 적힌 낙서를 보게 되었다. "심심하거든 예레미야 29장 11절을 읽어 보시오." 그는 그 말씀을 찾아 읽었고, 처음으로 자기 같은 사람에게도 미래와 희망이 있을 수 있다는 것을 생각하게 되었다.

> 남은 생애 동안 나는 이 전과 기록을 내 영혼에 새긴 채 살아갈 것이다. 그러나 하나님이 보시기에 나는 아무 기록이 없는 것과 같다. 갚아야 할 빚도 없다. 부끄러운 과거도 없다. 나는 그것을 원했다. 미래와 희망의 가능성이 보이자 암울한 나의 감방이 밝게 보이고 답답한 아침이 나아졌다. 어쩌면 내가 실제로 기대할 것이 생긴 것이었다.

크리스토퍼의 회심이 언제 이루어진 것인지는 정확히 말할 수 없다. 그러나 곧 그리스도를 믿고 구원을 얻었다는 사실을 부인할 수 없게 되었다. 이제 그는 다른 사람들에게 예수님을 전하려고 했고,

교도소 안에서 설교를 하기도 했다.

얼마 후 그는 자신의 성 정체성 문제를 해결해야 한다는 것을 알고 성경을 뒤진 끝에, 하나님을 영화롭게 하기 위해서는 먼저 진정한 정체성을 가져야 한다는 것을 확인했다. "나는 동성애 그리스도인이나 이성애 그리스도인이 아니다. 나는 중국계 그리스도인이나 남성 그리스도인이 아니다. 나는 그저 그리스도인이다. 이것이 나의 주된 정체성이다." 그는 거룩한 성 정체성을 열심히 추구하기로 했다. 그것은 결혼 생활(한 남편과 아내로 이루어짐)에 충실하거나 독신으로 금욕하는 두 길 중 하나였다.

크리스토퍼가 믿음을 고백했을 때 안젤라는 어떤 반응을 보였을까? "나는 크리스토퍼가 하나님에 대해 그렇게 많이, 그리고 그렇게 자연스럽게 말하는 것을 본 적이 없었다. 그가 하나님이라는 말을 꺼낼 때마다 나는 충격을 받을 정도였다. 8개월 전만 해도 그는 하나님과 기독교에 대해 철저하게 반감을 표현했다. 그런데 8개월 만에! 나는 도무지 믿어지지 않았다." 그녀의 기도 응답은 수년에 걸쳐 이루어졌지만, 다른 한편으로 그녀는 하나님이 얼마나 빨리, 그리고 얼마나 완전하게 기도에 응답하시는지 놀랄 수밖에 없었다.

마침내 크리스토퍼는 형기를 마치고 자유의 몸이 되었다. 그는 즉시 무디신학교에 입학했고, 다음에는 휘튼대학원으로 가서 성경 주석학 석사 공부를 했다. 그리고 베델신학대학원에서 박사 학위를 받았다. 현재 그는 무디신학교에서 가르치고 있으며, 세계를 돌아다니며 교회와 교도소, 대학 캠퍼스에서 강의를 하고 있다. 안젤라는 크리스토퍼와 동행하며 그의 강연을 기도로 돕고 있다. 크리스토퍼는 어머니를 꼭 필요한 사역 파트너로 여긴다. "어머니는 지금도, 그리고 앞으로도 늘 나의 기도의 용사가 될 것입니다."

여러분의 자녀도 성장 후에 예수님을 알게 될 수 있다. 또 여러분이 사랑하게 된 구주를 자녀가 부인하여 슬픔과 고통을 겪을 수도 있다. 그 고통 가운데서도 하나님이 일하고 계신다는 사실을 안젤라를 통해 배우길 바란다. 또 하나님이 어머니의 기도를 통해 일하고 계신다는 사실도 배우길 바란다. 때로 잃어버린 자녀를 위해 할 수 있는 최선의 사역은 그들이 알 수 없는, 골방 속에서 이루어지는 은밀한 기도 생활이다. 그리고 그렇게 할 수 있는 힘은 매일 하나님의 말씀으로 새롭게 됨으로써 얻는다.

분명 하나님은 안젤라의 기도(인내하며 간청하는 기도)를 사용하여 그녀의 아들(그리고 남편과 아버지도)을 구원하셨다. 먼저 하나님은 크리스토퍼를 방탕한 생활과 천박한 친구들로부터 끌어내셨고, 다음에는 하나님께로 이끄셨다. "마치 끈질긴 과부처럼 나의 어머니도 하늘을 향해 기도를 퍼부으셨다."라고 그는 말한다. 그녀는 하나님께서 자신의 간구를 들으실 때까지, 자신의 끈질긴 모습에 응답하실 때까지 하늘을 향해 기도의 포탄을 쉼 없이 퍼부었다.

한 어머니의 묵상

이 이야기는 자녀가 어렸을 때 훈련할 기회를 놓친 어머니들에게 큰 격려가 된다. 참 좋다. 이 이야기는 많은 희망을 준다. 아무리 방탕한 자녀라도 하나님이 고치시지 못할 사람은 없다. 부모로서 우리가 잘못한 일, 실수한 일을 포함하여 하나님은 어떤 것도 회복시키실 수 있다. 그러므로 우리는 하나님이 우리에게 어떤 일이든 하실 수 있음을 알고 기도해야 한다.

우리 어머니들이 저지를 수 있는 한 가지 실수가 있다면, 그것은 바로 충분히 기도하지 않는 것이다. 자녀를 위해 할 수 있는 가장 중요한 사역은 그들에게는 보이지 않는다. 쉼 없이 자녀를 보좌 앞에 드리며, 한결같이 인내하며, 그의 영혼과 인생, 일, 가족을 위해 기도하는 자세를 가지는 것이기 때문이다.

자녀를 위해 기도할 수 있는 특권과 기회를 우리는 어떻게 사용하는가? 내 생각에는 크리스토퍼의 이야기에서 가장 도전이 되는 부분이 이것인 것 같다. 어머니만큼 자녀를 위해 기도할 사람은 이 세상에 없다. 그렇다면 우리는 그 임무를 진지하게 받아들여야 하지 않겠는가? 나는 그러지 못했던 것 같다.

Devoted:
Great Men and Their Godly Moms

• 묵상을 위한 질문 •

1. 당신은 성장한 자녀를 둔 부모인가? 그렇다면 자녀가 어렸을 때 그의 영적 성장을 위해 당신이 했거나 하지 않은 일 때문에 후회한 적이 있는가? 크리스토퍼의 이야기는 하나님의 구원이 부모의 실수를 해결해 준다는 사실을 어떻게 보여 주고 있는가?

2. 불신 자녀를 두고 있는가? 안젤라처럼 그들을 위해 "천국에 기도 포탄"을 퍼부었는가? 자녀를 위해 하나님께 어떤 일을 구하는가?

3. 자녀가 공부를 잘하거나 직장에서 성공하는 것보다 그리스도를 따르는 것을 더 중요하게 여기는가? 하나님께서 그들에게 중요한 것을 빼앗아 가심으로 그들이 하나님에 대한 필요를 깨닫게 해 달라고 기도할 수 있겠는가?

4. 하나님이 불신 자녀의 삶 속에서 당신이 알지 못할 때도 일하고 계심을 믿는가? 자녀가 당신에게 고통스러운 결정을 할 때도 하나님을 신뢰하는가?

5. 자녀를 위해 정해진 시간에 정해진 장소에서 기도하는가? 날마다 규칙적으로 자녀를 위해 기도할 생각이 있는가?

6. 자녀가 어머니의 기도로 도움을 받지 못한다면 누구의 도움을 받을 수 있겠는가? 크리스토퍼의 이야기는 자녀를 위한 기도의 책임에 대해 당신의 생각에 어떤 영향을 주었는가?

참고 자료

Angela Yuan and Christopher Yuan, *Out of a Far Country: A Gay Son's Journey to God. A Broken Mother's Search for Hope* (WaterBrook, 2011) https://youtu.be/SR-2EZe6XIc

5

경건한 어머니의 순종

_ 윌리엄 보든
William Whiting Borden, 1887-1913

윌리엄 보든

윌리엄 보든의 어머니 메리

　어머니라면 누구든 언젠가 어떤 방법으로든 자녀를 보내 주어야 한다는 사실을 알 것이다. 자녀가 어렸을 때는 보호하고 가르치고 훈련할 책임이 있다. 그러나 그동안에도 자녀의 독립을 준비시켜 세상으로 내보낼 준비를 해야 한다. 궁극적으로 어머니는 자녀를 주권자이신 하나님의 뜻에 맡길 준비를 해야 한다.
　이 장에서는 아들을 위험하고 불확실한 미래에 내맡기도록 부름받은 한 어머니를 만날 것이다.

헌신적인 어머니

　윌리엄 보든은 1887년 11월 1일 네 자녀 중 셋째로 태어났다. 어머니 메리는 유서 깊은 집안 출신으로, 선조 가운데는 그 유명한 메이플라워호를 타고 아메리카로 온 분들도 계셨다. 아메리카라는 신세계로 오기 전에도 그녀의 선조들은 군대와 정치, 종교계에서 수많은 업적을 남겼다. 그러나 메리는 자신의 가문을 거의 드러내지 않았다. 가족의 미래에 훨씬 더 많은 관심을 두고 있었기 때문이었다. 1882년 12월 28일 그녀는 윌리엄(William Borden Sr.)과 결혼했다. 그는 시카고의 유명한 사업가로 부동산업과 은광을 통해 굉장한 부자가 된 사람이었다. 그래서 네 자녀는 대단한 특권 가운데 자랐다.

메리는 평생 신앙생활을 했지만, 33세 때인 1894년에 구원 얻는 믿음에 이르렀다. 이 회심은 그녀의 삶에 즉각 항구적인 자취를 남겼다. 세심한 어머니인 그녀는 늘 자녀들의 건강과 안녕에 관심을 쏟았다. 그러나 이제 최고의 관심은 자녀들의 영적 성장으로 바뀌었다. 그래서 자녀들이 복음 설교를 늘 들을 수 있길 바라는 마음에서 시카고 애비뉴 교회(나중에 무디 교회로 이름이 바뀜)에 출석하기 시작했다. 당시 목사님은 R. A. 토레이였다.

얼마 지나지 않아 어린 윌리엄이 복음을 받아들였다. 그가 일곱 살이었던 어느 주일, 교회에서는 성찬식을 하고 있었다. 메리는 "윌리엄, 너는 참여할 때가 아니지 않니?"라고 속삭였다. 그러나 보든은 "전 준비됐어요."라고 대답했고, 성찬 떡과 포도주를 받았다. 그것은 메리가 생각했던 일이 아니었다. 예배 후 어머니는 그 일에 대해 토레이 목사님께 말씀드렸고, 토레이 목사님은 윌리엄에게 다음

날 찾아오라고 하셨다. 토레이 목사님은 윌리엄이 진정으로 주님을 알고 있음을 확신하고, 곧 세례를 주어 교회 신자가 되게 하셨다.

윌리엄은 영적인 일에 특별한 관심을 보였고, 남다른 영적 성장을 이루었다. 그는 스스로 매일 진지하게 성경을 공부하고 기도하는 습관을 들였다. 매일 학교에 가기 전 그는 어머니와 함께 무릎 꿇고 기도하며 자신이 삶에서 그리스도의 능력을 체험할 수 있도록 간구했다. 또 기쁜 마음으로 하나님의 뜻에 순종하여 하나님께 영광을 돌리게 되기를 기도했다.

메리는 윌리엄의 열정에 부응하여 더 열심을 내서 다른 아들들과 함께 그를 가르치고 훈련했다. 그리하여 자녀들을 모아 놓고 성경 공부를 하는 습관이 생겼다. 한번은 성경 공부 시간에 커서 어떤 사람이 되고 싶은지 써 보라고 했더니, 윌리엄은 어린이다운 열심과 대단한 성숙을 보여 주는 대답을 했다. "저는 커서 정직한 사람, 진실하고 사랑 많고 친절하고 신실한 사람이 되고 싶어요." 후에 하나님은 그를 축복하셔서 이 소원을 이루게 하셨다.

윌리엄은 어릴 때부터 특별히 어머니를 존경했다. 아버지도 윌리엄에게 관심을 기울였고, 경건한 사람이었지만, 윌리엄과 어머니는 서로 더 애틋하고 친밀했다. 한 전기 작가는 윌리엄에 대해 "그는 아들이라기보다는 친구였다."라고 썼다. 윌리엄은 늘 어머니께 기도와 조언을 부탁했으며, 어머니의 지혜를 의지했다. 어머니는 그의 동지이자 친구였다. 나중에 어머니는 자기 아들을 하나님의 뜻에 따라 내려놓도록 부름 받은 사람이 되었다.

내려놓음에 따르는 대가

월리엄은 부자답게 시간이 나면 세계 여행을 할 수 있었다. 부모는 월터 어드먼이라는 사람을 고용하여 아들과 함께 다니게 했는데, 그 사람을 선택한 주된 이유는 올곧은 신앙 때문이었다. 두 사람은 아시아, 중동, 유럽을 여행했다. 그러는 동안 세상의 영적 필요를 접하며 많은 선교사와 시간을 보냈다. 일본에 있을 때 윌리엄은 어머니에게 이런 편지를 보냈다.

나의 삶을 향한 하나님의 최고의 계획을 위해 기도하라는 어머니의 부탁은 별로 어려운 일이 아닙니다. 바로 그것을 위해 오랫동안 기도해 왔기 때문입니다. 최근까지 선교사가 되는 일에 대해 진지하게 생각해 본 적이 없지만, 아시다시피 이쪽에 어느 정도는 관심이 있었습니다. 이번 여행은 새로운 관점에서 세상을 바라보는 데 큰 도움이 되는 것 같습니다.

실제로 그 여행은 절대로 꺼지지 않을 불을 붙여 주었다.

여행에서 돌아오자 윌리엄은 예일대학교에 다니기 시작했고, 다음 구절을 자기 방 벽에 붙여 놓았다.

청년이 무엇으로 그의 행실을 깨끗하게 하리이까 주의 말씀만 지킬 따름이니이다(시 119:9).

그리고 성경 간지에는 이렇게 써 놓았다.

내가 주께 범죄하지 아니하려 하여 주의 말씀을 내 마음에 두었나이다(시 119:11).

얼마 지나지 않아 그는 영적인 열심과 리더십은 물론 금전적인 베풂으로 캠퍼스에서 유명해졌다. 후에 그의 동료 한 사람은 이렇게 썼다.

그는 대학에 왔을 때 영적인 면에서 누구보다 앞서 있었다. 그는 벌써 자신의 마음을 그리스도께 온전히 헌신했고, 실제로도 그렇게 하고 있었다. 단순히 이 확고한 목적과 헌신 때문에 반 친구들은 그를 의지하며 그에게서 반석과 같은 힘을 얻었다.

졸업할 때쯤 윌리엄은 하나님이 자신을 선교 현장으로 부르셨다고 확신하게 되었다. 어떤 이들은 이것이 그의 귀한 생명을 낭비하는 일이라고 경고하기도 했지만, 그는 "당신은 이방인들을 보지 못했습니다."라며 일축했다. 이 기간에 아버지가 갑자기 돌아가셨고, 윌리엄은 어머니와 더욱 가까워져 어머니에게 가장 큰 위로를 주었다. 사별의 슬픔 가운데 있는 어머니를 위로하기 위해 그는 날마다 어머니에게 편지를 보냈다.

예일대학교를 졸업한 후 윌리엄은 프린스턴신학교로 갔고, 거기서 1912년 졸업할 때까지 존 그레샴 메이첸 같은 저명한 신학자들 밑에서 공부했다. 9월 9일 그는 시카고의 무디 교회에서 안수를 받았고, 교회는 그가 중국 내지 선교회(허드슨 테일러 설립)와 동역하도록 허락했다. 그는 중국에 이슬람교도 집단이 있음을 알고 그들에게 복음을 전하기로 했다.

메리는 아들의 안수를 매우 기뻐했지만, 아들을 떠나 보내야 하기에 슬픔을 감출 수가 없었다. 그녀는 아들을 주님의 일에 바쳤으므로 이제 그를 주님께 맡겨 드려야 했다. 한 전기 작가는 윌리엄에 대해 이렇게 썼다.

그들은 함께했다. 윌리엄은 어머니께 힘이 되어 드리고자 했다. 그것은 다정함 못지않게 어머니에게 도움이 되었다. 그때까지 이별은 미래의 일이었다. 그러나 이제는 이별이 가까이 왔다. 어머니가 생각했던 것처럼 안수를 받는다는 것은 제물로 바쳐지는 것이었다. 어머니에게는 자신의 생명을 버리는 것과 같은 일이었다.

미국에서의 마지막 주일, 윌리엄은 어머니와 함께 예배드리고, 어머니의 기도 그룹과 함께 모임을 했다. 윌리엄이 떠나자 어머니는 그날 받았던 위로에 대해 그에게 편지를 썼다. 누가복음 2장 10절 "온 백성에게 미칠 큰 기쁨의 좋은 소식"이라는 구절을 인용하면서 선교사 아들 곁에 앉아 있을 때 그 구절의 의미가 얼마나 깊이 느껴졌는지를 전했다.

사랑하는 아들아, 나는 네가 준 풍성한 축복과 위로와 힘에 대해 쉬지 않고 감사할 것이다. 네 앞에 풍성한 새해가 펼쳐지고 있구나! 우리의 작은 기도 모임 때 너와 함께할 수 있어서, 이 마지막 날에 하나님께서 또 한 번 사랑의 만남을 주셔서 정말 좋았다.

이제 그녀는 아들을 다시 볼 수 없었다. 윌리엄은 1912년 12월 이집트에 도착하여 아랍어 공부를 시작했다. 그러나 도착 3개월 만에 뇌막염에 걸렸다. 안타깝게도 메리는 그 소식을 들을 수 없었다. 아들과 함께 여름을 지내기 위해 이집트로 출발한 후였기 때문이었다. 윌리엄은 몇 주를 기다리며 종종 어머니 소식을 묻고는 "불쌍한 어머니! 불쌍한 어머니!"라고 했다. 1913년 4월 9일 윌리엄은 25세의 나이에 세상을 떠나고 말았다. 마침내 메리가 도착하여 아들 곁으로 달려갔지만, 그가 죽은 지 이미 네 시간이 지난 후였다.

메리는 윌리엄의 성경을 가지고 이집트를 떠났다. 그 성경 간지에는 "남겨 두지 않는다."라고 쓰여 있었다. 이 글은 가족 사업을 통해 큰돈을 버는 대신 선교를 결심할 때 쓴 것이었다. 나중에 그는 "물러서지 않는다."라고 덧붙였고, 죽음을 앞두고 마지막으로 "후회하지 않는다."라고 썼다. 남겨 두지 않는다. 물러서지 않는다. 후회하지 않는다. 그가 죽은 후에도 이 말은 그의 열심과 헌신, 순종을 말해 주고 있다. 그는 이집트 카이로에 있는 미국인 묘지에 묻혔다. 그의 묘비에는 이런 글이 쓰여 있다. "그리스도를 떠나서는 그런 삶을 설명할 수 없다."

윌리엄과 메리는 평생 하나님의 뜻이 이루어지기를 기도했다. 비록 기대하던 바는 아니었지만, 그것이 하나님의 뜻이었다. 어머니라면 당신도 "뜻이 하늘에서 이루어진 것같이 땅에서도 이루어지이다."라고 기도해야 한다. 당신 자신에 대해서, 그리고 자녀에 대해서도 이렇게 기도함으로써 자녀를 신실하신 하나님의 뜻에 맡겨 드려야 한다. 이렇게 기도하면서 두 손을 하나님을 향해 벌릴 때, 그리스도를 위해 드린 모든 것(당신의 소유와 생명과 자녀)이 주님의 영원한 영광과 우리의 영원한 유익을 위해 쓰일 것을 신뢰할 수 있다.

한 어머니의 묵상

이 이야기를 읽을 때마다 나는 늘 한없이 괴롭다. 놀라운 영감과 확신을 주기는 하지만 두 번 다시 읽기가 두렵다. 이 글은 그 가슴 아픈 이야기를 아주 감동적으로 적용하고 있는 것 같다. 어머니로서 이처럼 귀한 자녀에 대해 진정으로 "주님, 내 뜻이 아니라 주님의 뜻대로 이루어지기 원합니다."라고 기도할 각오가 되어 있는가? 아직 거기까지 이르지 못했다면 더 큰 믿음을 달라고, 하나님은 선하시므로 우리는 온전히 그를 신뢰할 수 있다는 확신을 달라고 간구해야 한다. 자녀가 모든 삶을 그리스도께 드리는 중에 목숨을 잃는 엄청난 결과가 나온다 해도 신뢰할 수 있다는 확신을 구해야 한다.

이 어머니는 아들의 안타까운 마지막에 대해 울면서 그 이유를 묻고 싶었을 것이다. 그러나 아들을 양육하기 위해 노력한 25년의 세월은 그녀 자신의 영적 성장을 위한 시간이기도 했다. 아마도 이것이야말로 이 이야기의 진정한 핵심일 것이다. 아들이 죽었을 때 갑자기 그녀가 성숙한 그리스도인(하나님의 뜻을 믿음과 인내와 신뢰로 받아들이는 사람)이 된 것이 아니다. 그렇다. 이 엄청난 고통에 대한 반응과 극복은 그녀가 이전부터 그리스도와 맺었던 관계와 직접적인 관련이 있다. 그 관계는 오랜 세월의 기도와 공부, 사역, 성경적 세계관 개발을 통해 견고해졌다. 그러지 않고서야 이런 비극을 맞닥뜨렸을 때 그처럼 견고한 기초를 가질 수 있었겠는가?

사실, 이 이야기는 어머니의 믿음에 필적하는 아들의 믿음을 보여 준다. 두 사람은 모든 일에 그리스도를 신뢰했고, 마지막에는 그리스도를 위해 할 수 있는 최고의 제사를 드렸다. 아들 윌리엄은 자신의 생명을 드렸고, 어머니는 사랑하는 아들의 생명을 드린 것이다. 우리 자신을 향한 진정한 질문은 이런 것이어야 할 것이다. "하나님의 말씀, 기도, 특별히 하나님은 누구이신지를 배우며 그리스도가 하신 일을 이해하는 데 충분한 시간을 들였는가?"

어느 어머니든 "주님의 뜻대로 이루어지기 바랍니다."라고 진지하게 기도하는 것 외에는 달리 방법이 없다고 생각한다. 그러나 이것이 바로 우리 모두가 부름 받은 일이다. 어린 아기가 있을 경우에는 특히 그렇다. 주여, 저의 연약한 믿음을 도우소서.

Devoted:
Great Men and Their Godly Moms

• 묵상을 위한 질문 •

1. 윌리엄과 메리의 이야기를 통해 모든 일에 그리스도를 신뢰하는 것의 의미에 대해 무엇을 배웠는가?

2. 사랑의 하나님 앞에 자녀를 맡길 준비가 되어 있는가? 하나님의 영광을 위해 자녀를 드릴 각오가 되어 있는가? 안타까운 일이 생길지라도 자녀를 드릴 각오가 되어 있는가?

3. 자녀에 대해 "주님의 뜻대로 이루어지기 원합니다."라고 진지하게 기도할 수 있을 것 같은가? 아니라면 더 큰 믿음을 달라고 오늘 기도로 구할 의지가 있는가?

4. 오늘 자녀에 대해 하나님을 신뢰할 수 있는 몇 가지 방법을 말해 보라.

5. 어떤 대가를 치르더라도, 자녀를 하나님의 계획에 맡겨 드리게 해 달라는 기도를 하기 원하는가?

6. 영적으로 성숙해지고, 그리스도를 더욱더 의지하기 위해 매일 어떤 일을 하고 있는가?

참고 자료

Mrs. Howard Taylor, *Borden of Yale (Men of Faith)* (Bethany House Publishers, 1988).
Warren Wiersbe, *50 People Every Christian Should Know: Learning from Spiritual Giants of the Faith* (Baker Books, 2009).

6

헌신적인 어머니의 영향력

_ 찰스 핫지

Charles Hodge, 1797-1878

찰스 핫지

　비극적인 상황일 때 우리는 가장 좋은 모습을 보이기도 하고, 가장 안 좋은 모습을 보이기도 한다. 비극적인 상황은 인내심과 절제력, 결단력을 키워 준다. 우리는 이때 경건의 모습을 보이기도 하지만, 그와 반대로 우리의 죄를 드러내기도 한다. 비극적인 상황일 때 우리의 힘과 통제를 벗어나는 일이 일어난다면, 다른 사람에게 냉담하거나 고압적인 자세로 반응할 수 있다. 비극적인 상황은 우리의 연약함을 드러내 우리를 겸손하게 만든다.

　이제까지는 양쪽 부모 아래서 제대로 된 양육을 받은 사람들을 살펴보았다. 이번에는 비극적인 상황에서 혼자서 아들을 키워야 했던 어머니를 살펴볼 것이다. 이 시련으로 결국 그녀는 자신의 연약함과 죄를 드러냈지만, 한결같은 기도를 통해 자신의 삶을 놀랍게 빛나게 했다. 그녀는 경건한 결단과 변함없는 사랑으로 아들을 주님의 교훈으로 키우고, 모든 필요를 채워 주었다. 수년 후에 찰스 핫지는 어머니에게 모든 공을 돌리면서, 자신은 어머니에게 모든 것을 빚졌다고 말했다. 이 장에서는 어머니의 기도의 항구적인 영향력에 대해 살펴볼 것이다.

기쁨과 슬픔

찰스 핫지는 휴와 메리의 다섯 자녀 중 막내로 태어났다. 메리는 1765년에 태어났으며, 매우 아름다운 여인이었다. 그녀는 부모님이 돌아가신 후 형제들과 함께 살기 위해 스무 살 때 필라델피아로 이사했다. 이 사실 외에 그녀에 대해 알려진 것은 별로 없다.

휴는 메리를 만나 첫눈에 사랑에 빠졌고, 두 사람은 몇 년의 연애 끝에 1790년 결혼했다. 휴는 1700년대 초 필라델피아에 정착한 부유하고 영향력 있는 집안 출신이었다. 휴의 아버지 앤드루 핫지는 국제 무역으로 재산을 모았고, 지방 및 전국 정치에서도 활발하게 활동했다. 경건한 그리스도인인 앤드루는 미국 장로교를 설립하고 확장하는 일에 참여했다.

휴는 부유하게 자라 프린스턴대학에서 교육을 받았고, 이어서 의사 훈련도 받았다. 그 후 얼마 동안 장사를 했지만, 결혼하고 나서는 의료업으로 돌아와 존경받는 의사가 되었다. 휴와 메리는 둘 다 유서 깊은 장로교에 뿌리를 둔 헌신적인 그리스도인이었다.

휴와 메리의 결혼 생활은 처음부터 비극으로 점철되었다. 위로 세 아이가 차례로 병에 걸린 것이다. 첫째는 황열병, 둘째, 셋째는 홍역을 앓다 죽었다. 넷째인 휴 주니어는 유아기에 죽지 않고 살아남았다. 다섯째이자 막내인 찰스 핫지는 형보다 두 살 아래였다. 그런데 이 아이들의 아버지도 곧 세상을 떠났다. 찰스가 태어난 지 7개월밖에 되지 않았을 때 황열병으로 죽은 것이다. 찰스의 가족은 남은 재산이 별로 없어서 변변치 않은 수입에 의존해야 했다.

홀로 양육과 생계를 감당하다

감사하게도 메리는 의지가 굳고 능력 있는 여인이어서, 최선을 다해 자녀를 돌보며 생계를 감당했다. 그녀는 집에 하숙을 놓고 자신과 아이들은 방 한 칸만 사용했다. 그래도 형편이 여의치 않자 더 작은 집으로 이사를 다녔다. 그러나 그런 무거운 책임을 감당하는 동안에도 그녀는 교회와 지역 사회 활동에 적극적으로 참여했고, 심지어 가난한 여인들을 돕기 위해 무료 급식소를 만들기도 했다.

메리는 아이들의 교육을 중요하게 생각하여, 그들을 좋은 학교에 보내려고 장시간 힘든 일을 하며 학비를 벌었다. 그녀는 직접 아이들의 신앙 교육을 담당했는데, 주로 웨스트민스터 소요리문답을 가르쳤다. 그러면서 아이들을 목사님과 만나게 하여 목사님 앞에서 요리문답의 질문과 대답을 외우게 했고, 이를 마치면 그 목사님이 인도하는 성경 공부 반에 참여하도록 했다. 어릴 적의 이런 신학 훈련은 찰스 핫지의 일생을 특징짓는 토대가 되었다.

1810년에 이르자 메리는 자신의 방법에 한계를 느끼고 아이들을 뉴저지주 서머빌에 있는 친척 집에 보냈다. 그들의 형편에서 좋은 교육을 받는 방법은 그 길밖에 없었기 때문이었다. 찰스는 2년 동안 집을 떠나 있으면서 메리와 편지로 계속 연락했다. 메리는 아들이 경건한 성품을 다져 나가길 바랐다. 그녀는 근면함과 치밀하고 계획적인 삶의 중요성을 강조했으며, 아버지의 역할을 해 줄 수 있는 그리스도인 어른을 만나도록 격려했다. 찰스 핫지가 훌륭한 인격을 갖추고 많은 업적을 이루게 된 것은 어머니가 교리 교육과 기독교 가치관 교육을 통해 기초를 세워 준 덕분이라고 할 수 있다.

찰스는 메리에게 편지를 쓸 때마다 "나의 사랑하는 어머니", "내가 가장 사랑하는 어머니", 또는 "나의 사랑하는 엄마"라는 말로 시작하며 어머니에 대한 애정을 표현했다. 편지를 마칠 때는 "사랑하는 어머니, 나는 언제까지나 당신의 사랑스러운 찰스입니다.", "사랑하는 어머니, 나는 항상 당신의 아들입니다.", "사랑하는 어머니의 사랑스러운 아들"이라고 썼다.

메리는 아이들을 프린스턴대학에 보냈다. 그녀는 프린스턴으로 이사하여 아들들과 함께 살았지만, 이 시기는 특히 더 힘든 때였다. 1812년 전쟁이 일어나자 집세로 버는 수입이 줄어들었다. 메리는 어쩔 수 없이 하숙을 더 많이 놓았고, 이웃들의 빨래까지 해 주며 돈을 벌었다. 그녀는 끈질기게 버텨 냈다. 가족을 부양하고 학비를 벌기 위해서라면 아무리 창피하고 힘든 일일지라도 닥치는 대로 했다.

1812년 찰스는 프린스턴에서 공부를 시작했고, 곧 뛰어난 실력을 보여 주었다. 3학년 때 갑자기 학교에 부흥이 일어나면서 그 역시 은혜에 사로잡혔다. 그는 자신의 신앙이 진실한지, 자신을 정말 그리스도인이라 할 수 있는지 자문하기 시작했다. 자신을 돌아보는 그 시간을 통해 그는 자신이 구원을 받았지만, 공식적으로 교회에도 참여해야 한다는 결론에 이르렀다. 그래서 1815년 1월 15일 프린스턴 장로교회에서 공식적으로 신앙고백을 했다. 그는 이 고백이 어린 시절 어머니와 목사님으로부터 받은 양육과 교훈의 절정 또는 완성과 같은 것이라고 여겼다.

그의 마음에 곧 목회를 하고 싶은 소원이 일어나기 시작했다. 메리는 이 결정을 듣고 감격하지 않았다. 어쩌면 그의 형이 존경받는 의사의 길을 준비하고 있었기 때문일 수도 있고(나중에 그는 산과 분야의 전문가가 되었다), 찰스의 능력이 부족하다고 생각했기 때문일 수도 있다. 어머니를 설득해 동의를 얻기까지는 시간이 좀 걸렸다. 찰스는 결국 이 목표를 위해 프린스턴으로 돌아왔다.

찰스는 자신이 개척 선교로 부름을 받았을 수 있다고 생각했다. 하지만 스물두 살에 졸업하자마자 프린스턴에서 교수직을 제안받아 평생 그곳에서 일하게 되었다. 그는 개혁 신학의 충실한 옹호자이자 장로교의 지도자가 되었다. 그는 신약의 중요한 서신서들에 대해 권위 있는 주석을 썼고, 그의 대표작인 세 권의 조직신학책은 지금도 출판되고 있다. 그는 또한 수많은 신학생을 훈련하여 미국과 전 세계에서 사역하게 했다. 이 많은 업적 때문에 그는 '장로교의 교황'이라 불리기도 한다.

찰스와 메리는 늘 긴밀한 관계를 유지했지만, 안타깝게도 껄끄럽거나 심지어 냉담해지는 때도 있었다. 메리의 가장 큰 장점인 견고한 경건 생활은 그녀의 가장 큰 약점이 되기도 했다. 찰스가 어렸을 때 메리는 철저하게 그를 보살펴 주었다. 그러나 그가 나이가 들어 독립해 가면서 그것은 과보호와 간섭이 되었다. 메리는 탁월함을 추구하는 사람이었기 때문에 찰스의 노력과 성취에 만족할 줄 몰랐다. 찰스는 그런 어머니를 기쁘게 해 드리는 것은 불가능한 일이라고 생각했다.

졸업 후 찰스는 사라 배시를 좋아하게 되었는데, 메리는 그녀가 아들에게 어울리지 않는다며 심하게 비판했다. 나중에 메리는 그런 말을 했던 것을 취소했지만, 찰스는 이미 마음에 상처를 받아 둘 사이가 멀어졌다. 찰스는 대학 친구와 멘토, 그리고 아버지 같은 존재인 아치발드 알렉산더와 한참 가깝게 지내고 있었다. 어쩌면 메리는 자신의 영향력이 줄어드는 것 같아 마음이 상했을 수도 있다. 언젠가 찰스는 형에게 이제는 어머니와 가까워지는 방법을 모르겠다고 하면서 "어머니는 나에 대한 애정을 거의 잃으신 것 같다."라며 한탄했다.

1832년 메리가 죽자 찰스는 큰 충격과 슬픔에 빠졌다. 너무 급작스러운 죽음이었기에 임종을 지키지도 못했다. 말년에는 그들의 관계가 냉랭했지만, 찰스는 어머니가 자신의 인생에 가장 크고 중요한 영향을 주었음을 인정하고 감사했다. 그는 어머니에게 드리는 헌사에서 "형과 나의 모든 것은 하나님 다음으로는 어머니 덕분에 존재한다. 어머니는 우리에게 자신의 삶을 바치셨다. 어머니는 우리를 위해 기도하고, 수고하고, 고생하셨다."라고 했다.

당신도 기대하지도, 선택하지도 않은 상황에서 자녀를 기르고 있을 수 있다. 또 혼자서 자녀의 신앙 교육과 생계를 책임지고 있을 수 있다. 메리의 이야기를 통해 하나님은 당신이 끝까지 경건을 유지할 수 있도록 모든 것을 공급해 주심을 배우길 바란다. 하나님은 당신의 믿음의 노력을 모두 사용하신다. 비록 그 노력이 죄와 섞여 있을지라도 말이다. 하나님은 당신 혼자서 매일 수고하도록 내버려 두지 않으신다. 자녀에게 헌신할수록 하나님은 그리스도 안에서 당신의 유익을 위해 헌신하신다.

한 어머니의 묵상

이 이야기는 싱글 맘에게 큰 힘이 된다. 홀로 된 어머니들이나, 남편이 있지만 어쩔 수 없이 영적인 지도자 역할을 해야 하는 사람들(사실 이런 사람들이 많다)에게 강력한 메시지를 준다. 어떤 이유에서든 배우자의 도움 없이 자녀의 영적 훈련을 감당하고 있는 사람들에게 큰 위로가 될 수 있다. 이 이야기는 혼자서 자녀를 훈련하기란 쉽지 않은 일이지만 노력할 가치가 있음을 보여 준다.

이야기의 마지막 부분에는 경고가 담겨 있다. 자녀를 키우다 보면 꼭 그들에게 매달리거나 통제하려고 하게 된다. 그러나 반드시 하나님께서 인도하시도록 맡겨야 하는 때가 온다. 어쩌면 메리는 그 일에 실수를 했다고 할 수 있다(꼭 붙들고 계속 통제하려 한 것). 그로 인해 그녀는 친밀했던 아들과 멀어지게 되었고, 그에게 더는 영적 영향을 줄 수 없게 되었다.

이야기는 안타깝게 끝났지만, 메리가 찰스의 신앙에 끼친 깊은 영향과 경건한 지도는 사라지지 않는다. 어머니 역할을 하다 보면 실수를 하기 마련이다. 그럼에도 불구하고 신실하신 하나님께서 그의 뜻을 이루신다.

Devoted:
Great Men and Their Godly Moms

• 묵상을 위한 질문 •

1. 배우자의 영적인 도움 없이 자녀를 양육하고 있는가? 만일 그렇다면 찰스와 메리의 이야기가 어떻게 도움이 되는가?

2. 메리 핫지처럼 불행한 일을 겪었는가? 사랑하는 사람을 통제하려 함으로써 더 많은 상처를 피하려고 하는가? 그렇다면 통제하고 싶은 욕구를 줄이기 위해 당신이 할 수 있는 일은 무엇인가? 하나님에 대한 진리 중 어떤 것을 의지할 수 있겠는가?

3. 혹시 자녀와 관계가 좋지 않은가? 아들을 너무 붙들었던 메리의 실수에서 무엇을 배울 수 있겠는가?

4. 잠들기 전, 당신도 대부분의 어머니처럼 그날 한 말이나 행동 때문에 죄책감을 느낄 수 있다. 이 이야기는 어머니로서 실수를 했어도 변함없는 하나님의 신실하심에 대해 어떤 것을 가르쳐 주는가?

참고 자료

A. A. Hodge, *The Life of Charles Hodge* (Banner of Truth, 2010).
Paul C. Gutjahr, *Charles Hodge: Guardian of American Orthodoxy* (Oxford University Press, 2011).
W. Andrew Hoffecker, *Charles Hodge: New Sideold School Presbyterian* (Presbyterian and Reformed, 2011).

7

평범한 어머니의 영향력

_존 파이퍼
John Piper, 1946-

　교회사에서 위대한 사람과 그 어머니를 살피다 보면, 큰 업적을 남긴 어머니들을 많이 발견하게 된다. 그중에는 강인한 성품을 가진 어머니도 있고, 탁월한 신학자였던 어머니도 있다. 한 권의 전기를 만들어야 할 어머니도 있다. 그러나 대부분은 매우 평범하며, 조용히 가정을 섬겼기에, 그 어머니들이 세상에 어떤 영향을 끼쳤다고 할 수 있을지 의문을 품게 한다.

　이 장에서는 하나님이 평범한 어머니를 사용하셔서 비범한 일을 이룰 경건한 사람을 길러 내신 모습을 보게 될 것이다. 그 사람이 하는 세계적인 사역은 머지않아 역사책에 소개될 것이다. 그는 바로 탁월한 기쁨의 신학자로 불리는 존 파이퍼다. 그의 어머니는 평생 눈에 띄지 않게 수고했다. 지금도 존 파이퍼는 이렇게 말한다. "나의 영혼, 그리스도를 향한 나의 사랑, 그리고 남편과 아버지와 목사로서 나의 역할에 대해 어머니에게 진 빚은 계산할 수가 없다."

평범한 어머니

존 파이퍼는 빌과 루스의 둘째 자녀이자 장남으로 태어났다. 어머니 루스 유랄리아 몬은 1918년 10월 7일 미국 펜실베이니아주 와이오미싱 힐스에서 태어났다. 그녀는 십대 때 이미 진실한 신앙고백을 했으며, 개인 및 그룹 성경 공부를 통해 열심히 하나님을 배웠다. 그러다가 고등학교 때 빌 파이퍼를 만나 사랑에 빠졌다.

빌은 루스보다 3개월 하루 늦게, 펜실베이니아주 베슬리헴 근처에 있는 경건한 노동자 계급 가정에서 태어났다. 그는 여섯 살 때 공식적으로 신앙고백을 했으며, 열다섯 살 때는 깊은 영적 감동을 경험하고 처음으로 복음을 설교하게 되었다. 이 단순한 설교를 듣고 몇 사람이 그리스도께로 나아오는 모습을 보면서, 그는 다른 사람들을 영생의 길로 인도하는 일의 전율과 기쁨을 느꼈다. 그리하여 그는 복음 전도에 자신의 삶을 드리기로 결심했다.

1936년 빌과 루스는 함께 고등학교를 졸업했다. 빌은 복음 전도자 훈련을 받기 위해 존 A. 데이비스 메모리얼 성경 학교로, 루스는 음악 교육을 전공하기 위해 무디신학교로 갔다. 그 후 두 사람은 1938년 5월 26일 결혼했다. 그들은 곧 테네시주 클리블랜드로 가서 밥존스대학에 편입했다. 그들은 이 학교의 근본주의 신학에 잘 정착했고, 학교 설립자인 밥 존스 시니어와도 친밀한 사이가 되었다. 빌은 1942년 졸업과 동시에 즉시 전임 전도 사역을 시작했다. 그는 그 대학 이사로도 임명되었는데, 그것은 졸업한 지 얼마 안 되는 사람에게는 대단한 영예였다. 루스는 클리블랜드에 남아 가사에 전념하면서 1943년에 첫아이를 낳았다.

존 파이퍼는 1946년 1월 11일 테네시주 채터누가에서 태어났다(베이비 붐 첫 세대였다). 몇 개월 후 밥존스대학에서 사우스캐롤라이나주 그린빌로 이전하겠다고 발표하자, 파이퍼 가족도 함께 가기로 했다. 그리하여 그들은 대학에서 두 블록 떨어진 곳에서 살게 되었다.

만능 어머니

존이 어렸을 때 그의 아버지는 멀리 여행을 했는데, 보통 1년 중 3분의 2, 또는 250일 이상을 집에서 떠나 있었다. 이를 계산해 보면, 존이 열여덟 살이 될 때까지 그의 아버지는 집에서 6년, 밖에서 12년을 보낸 것이 된다. 여행 기간은 대부분 열흘 정도였지만, 가끔은 이보다 길었다. 루스는 거의 모든 기간 두 사람 몫의 일을 해야 했음에도 빌의 사역을 전적으로 지지했다.

루스는 셋집 관리, 온갖 비용 관리, 가사 등의 책임을 감당해야 했다. 돈을 좀 더 벌기 위해 파트타임 일까지 해야 했다. 자녀 교육에 관한 일도 모두 그녀의 몫이었다. 오랜 후에 존은 이렇게 썼다.

> 어머니는 내게 잔디 깎는 법, 전깃줄 잇는 법, 잡초를 뿌리까지 뽑는 법, 지붕 페인트칠하는 법, 식당 테이블 광내는 법, 운전하는 법, 프렌치프라이 눅눅해지지 않게 하는 법 등을 가르쳐 주셨다. 지도 읽는 법과 도서 목록 작성하는 법도 가르쳐 주셨다. 정전기에 관한 과학 과제와 대수학 2도 해낼 수 있도록 도와주셨다. 지하실을 만들 때는 건축업자와 협상도 하셨고, 때로는 직접 삽질을 하기도 하셨다. 그녀가 할 수 없는 일이 있을 것이라는 생각은 전혀 해 보지 못했다.

존은 온 세상에서 하지 못할 일이 없을 것 같은 어머니를 경의의 눈으로 바라보았다. 그녀는 존에게 근면에 대한 한결같은 본을 보여주었다. 남편이 집을 나가 있을 때는 그녀가 가족을 이끌며 가계를 꾸렸다. 그러나 남편이 돌아오면 즉시 남편에게 리더십을 넘겼다. 그러면 남편은 가족 기도회를 인도하고, 가족을 교회로 데려가는 등 신앙 훈련을 시작했다. 이것은 남편과 아내의 상호 보완의 본이 되어 나중에 존도 그렇게 하게 되었다. 후에 존은 이렇게 말했다. "나는 리더십과 복종이 우열의 문제라고 전혀 생각되지 않았다. 그것은 힘과 기술의 문제도 아니었다. 능력과 실력의 문제도 아니었다."

루스는 학자나 신학자가 아니었다. 그녀의 신앙은 깊지만 단순했다. 자녀들의 기억에, 그녀는 성경 외에 다른 책은 읽지 않았으며, 잠언 외에 다른 성구를 인용한 적이 없었다. 존은 어머니를 기리는 시를 썼다.

> 엄마는 그 좋은 책을, 특히 잠언을 알았다.
> 내가 3천 마일이나 떨어져 있을 때도
> 엄마는 인사말로 잠언을 인용했다.
> 메시지는 늘 같았다. 그것은 엄마의 심장 박동이었다.
> 아들아, 지혜로워라. 참으로 지혜로워라.
> 하나님을 경외하고 가슴이 식지 않게 해라.

존은 어머니가 왜 잠언을 인용했을지 이렇게 추측했다. "홀로 자녀를 키우는 동안 감당해야 할 그 무거운 짐 때문에, 자신과 자녀의 삶에 적용할 지혜를 얻으려고 잠언을 읽으셨을 것이다."

어머니만큼 존에게 영적으로 깊은 영향을 준 사람은 없었다. 존이 여섯 살 때 그리스도를 구주로 영접하는 기도를 인도한 사람은 루스였다. 비록 그날의 기억은 존의 마음에서는 사라졌지만, 어머니의 마음에는 존의 회심의 날로 확고히 남아 있었다.

존의 어린 시절은 종종 빌의 여행이 중심이 되었다. 그의 가족은 목사들에게 편지를 보내 그들의 교회에서 전도 집회를 열어 달라고 요청했다. 빌과 루스와 자녀들은 편지를 봉투에 담아 우편으로 부치고, 답장을 위해 함께 기도했다. 빌이 여행을 갈 때는 빌을 차에 태우고 공항으로 가서, 여행 중 안전과 복음 전도의 성공을 위해 온 가족이 기도했다. 그리고 열흘 후에는 빌을 다시 태우러 와서 그들의 기도가 어떻게 응답되었는지 들으며 기뻐했다. 그렇게 그들의 가정 생활은 복음 전도와 그 열매에 대한 기쁨으로 이루어졌다.

후에 존은 전문 사역에 대한 깊은 내면의 부르심을 느끼고 대중 연설에 대한 공포를 극복하여 능력 있는 설교자가 되었다. 그는 미국과 해외에서 신학 공부를 하던 시절에도, 결혼해서 가정을 이루었을 때도 어머니와 긴밀한 관계를 유지했다. 1980년 그는 미네소타주 미니애폴리스에 있는 베들레헴 침례교회의 목사가 되어 2013년까지 사역했다. 그가 1986년에 쓴 『하나님을 기뻐하라』는 베스트셀러가 되어 그가 전 세계에 영향을 끼치게 하는 촉매가 되었다. 현재 그는 열정적인 설교와 왕성한 저술 활동을 펼치며 칼빈주의 신학의 부흥에 중요한 역할을 하는 사역자로 널리 알려져 있다.

존은 1974년 여름에 어머니를 마지막으로 보았다. 그때 그는 독일에서 박사 학위를 받은 후 미국으로 돌아와 미네소타주 세인트폴에서 교수직을 시작하려던 참이었다. 그는 서부로 출발하기 전에 그린빌로 돌아와 어머니를 찾아뵈었다. 그해 12월 빌과 루스는 이스라엘 여행에 참가했다. 여행을 마치기 전날, 그들은 겟세마네 동산 고뇌의 반석을 찾았다. 그곳은 예수님께서 하나님을 향해 진노의 잔을 옮겨 달라고 부르짖으셨던 곳이다. 두 사람은 그 반석을 보고 묵상하면서 깊은 감동을 받았다. 그런 후 버스 앞자리에 타고 다음 목적지로 향했다.

잠시 후 빌이 일어나 다른 승객들과 이야기하려고 돌아서는데, 갑자기 버스가 휘청하더니 유리 깨지는 소리가 들렸다. 이스라엘 군인이 운전하는 트럭이 급회전을 하면서 잔뜩 실려 있던 목재가 쏟아졌고, 그중 대부분이 버스 앞 유리를 뚫고 들어오는 바람에 루스가 즉사하고 말았다. 빌은 중상을 입었지만 사고 직전에 서 있었기 때문에 죽지 않았다.

그날 저녁 존은 집에서 전화를 받고 끔찍한 소식을 듣게 되었다. "아버지는 병원에 계십니다. 그러나 어머니는 살지 못했습니다." 그때 그가 보인 반응을 한 연구에서는 이렇게 설명한다.

> 존은 혼자 있고 싶어서 부모님의 침실로 들어가 무릎을 꿇고 두 시간 동안 흐느꼈다. 그는 아버지와 외할머니 마몬, 누나 베벌리, 매형 밥을 위해 예수님께 부르짖었다. 그는 어머니의 죽음을 부정하지 않았다. 오히려 그는 아버지에 대해 많이 생각했다. "오, 주님, 아버지를 도와주세요. 아버지를 도와주세요."

루스가 죽은 직후 존은 루스의 파일 가운데 '마치지 못한 일'이라는 라벨이 붙은 파일을 발견했다. 그것을 펼쳐서 비어 있는 것을 보고 이것이 그녀의 삶에 대한 꼭 맞는 상징이라고 여겼다. 추도사에서 그는 이렇게 말했다. "어머니는 세상에 사시는 동안 일을 마무리 짓는 분이셨습니다. 어머니는 게으름이나 잘못된 관리로 마치지 못하고 남겨 두신 일이 없습니다. 어머니가 완성하지 못하신 일이 있다면, 그것은 어머니가 아니라 하나님이 완성하지 못하게 하신 것입니다."

존 파이퍼는 삶과 신앙에 큰 영향력을 끼친 위대한 신학자다. 어머니는 그에게 신학의 내용을 가르쳐 주지는 않았지만, 삶에 다가가는 방법을 깨닫게 해 주었다. 그녀는 기꺼이 어떤 짐이든 지려는 태도와 단순하면서도 견고한 믿음, 섬세한 공감 능력, 평범한 생활을 통해서 아들에게 헤아릴 수 없는 영향을 주었다. 존은 베들레헴 침례교회에 목회를 지망할 때 간증문에 다음과 같이 쓰며 어머니에게 모든 공을 돌렸다. "어머니는 저에게 세상 그 누구보다도 많은 영향을 주셨습니다. 이것에 대해서는 전혀 의심하지 않습니다."

어쩌면 당신은 신학 지식이 없는 것을 부끄러워하거나 성경을 제대로 알지 못하는 것을 걱정할 수도 있다. 그래도 하나님이 당신을 사용하셔서 자녀에게 영향을 주게 하시리라 믿는가? 어쩌면 당신은 이름 없이 수고하는 것에 지친 나머지, 당신의 자녀가 많은 일을 하는 사람이 될지, 어머니의 노력이 알려지는 사람이 될지 의문을 품을 수도 있다. 그래도 하나님이 그토록 평범한 사람도 사용하신다는 것을 믿는가? 루스 파이퍼의 삶에서 우리는 하나님이 평범한 어머니를 사용하셔서 그의 뜻을 이루실 수 있다는 것을 배운다(사실 평범한 어머니를 사용하기를 기뻐하신다). 루스는 남편을 섬기고 가족을 부양하는 데 삶을 바쳤다. 그 방법이 아주 단순했지만 큰 영향을 주었다. 그러므로 평범한 성경 공부를 하거나 평범한 봉사, 평범한 일을 할 때, 하나님은 때로 그런 신실함을 사용하셔서 비범한 일을 이루심을 명심해야 한다.

한 어머니의 묵상

우리 평범한 어머니들이 좋아할 이야기다. 솔직히 나에게는 루스가 그리 평범하게 보이지 않는다. 수퍼 맘으로 보인다! 그런데 그녀는 자신을 평범한 사람이라고 생각했다. 그녀는 자신이 하는 일이 영적인 산을 옮기는 정도의 결과를 내리라고 여기지 않았다. 그러나 아들의 눈에 그녀는 결코 평범한 사람으로 보이지 않았다.

그녀는 자신이 위대한 목사를 키우고 있음을 알 리 없었고, 또한 남편의 소명을 위한 자신의 희생이 하나님 나라에 어떤 의미가 있는지 이 세상에서는 알지 못했다. 그럼에도 불구하고 그녀는 쉬지 않고 일했고, 계속 하나님을 신뢰하면서 자신의 자리나 지위, 영광을 구하지 않았다. 내가 보기에 그녀는 근면과 믿음, 겸손이 어우러진 삶을 살았다. 이를 통해, 실제로 우리 일부는 하나님의 뜻을 이루기 위해 무대 뒤에서 일하는 사람으로 부르심을 받았다는 것을 알 수 있다. 우리 모두가 무대에 오르거나 자기 이름을 알리도록 되어 있지 않다.

그러나 루스는 아들이 무대에 올라 이름을 불러 칭송한 여인의 대표적인 예가 되었다. 특별히 그녀가 깊은 신학 지식이 없었다는 점을 고려할 때, 이는 어머니들에게 큰 힘이 된다. 우리 중 누구든 겨자씨만 한 믿음만 있다면 하나님께 쓰임 받아 자녀들이 그리스도를 따르게 할 수 있다. 어린아이 같은 믿음과 성경에 대한 간단한 이해만으로도 아이들에게 하나님의 사랑과 능력, 선하심을 충분히 보여 줄 수 있다. 하나님은 우리의 믿음을 받으셔서 자녀들 속에 몇 배로 열매 맺게 하신다. 루스는 바로 그런 일의 본보기다!

Devoted:
Great Men and Their Godly Moms

• 묵상을 위한 질문 •

1. 자신이 평범하다는 루스의 생각은 '평범한' 어머니인 당신에게 어떻게 격려가 되는가?

2. 당신은 자녀에게 하나님에 대해 가르쳐 줄 만한 지식이 있는가? 그렇지 않다고 생각해 본 적이 있다면, 존과 루스의 이야기를 통해 그 생각이 어떻게 변했는가?

3. 이름 없이 수고하는 데 지친 나머지, 자녀가 어머니의 노력이 알려지는 사람이 될지 의문을 품어 본 적이 있는가? 루스 파이퍼의 삶은 평범한 사람들을 사용하시는 하나님의 능력에 대해 어떤 것을 가르쳐 주는가?

4. 당신의 가정 환경은 당신이 집안일과 자녀 교육 대부분을 맡아야 하는 상황인가? 집에서 평범하게 섬기는 동안 어떤 마음의 태도를 가져야겠는가?

5. 우리는 가끔 많은 일과 책임에 짓눌리는 기분이 든다. 일에 대해 불평하지 않고 잘 해낼 힘을 달라고 기도하라.

참고 자료

John Piper, *Honoring the Call of Motherhood: A Tribute to Ruth Piper* (May 8, 2005), http://www.desiringgod.org/messages/honoringthe-biblical-call-of-motherhood/
John Piper, "My Mother's Birthday", (October 7, 2008), Desiring God, http://www.desiringgod.org/articles/my-mothers-birthday
Justin Taylor, "John Piper: The Making of a Christian Hedonist" PhDdiss., The Southern Baptist Theological Seminary (2015), http://hdl.handle.net/10392/4959
Justin Taylor and Sam Storms, *For the Fame of God's Name: Essays in Honor of John Piper* (Crossway, 2010).

8

간구하는 어머니의 미덕

_ 찰스 스펄전
Charles Haddon Spurgeon, 1834-1892

찰스 스펄전

그의 이름은 온 세상에 널리 알려졌다. 많은 사람이 교회로 몰려와 그의 설교를 들었고, 그의 설교집을 탐독했다. 그가 죽었을 때 그를 존경하는 사람들 6만 명이 관을 따랐고, 10만 명이 길가에 늘어섰다. 요즘도 사람들이 그의 묘지를 찾아 추모한다. 갈수록 많은 사람이 그의 책을 읽고 그의 설교에 감동한다. 그는 바로 찰스 스펄전이다. 찰스 스펄전은 설교의 황제라 불리기 전에는 경건한 어머니의 품에 안긴 어린아이였다. 그러기에 그는 그 모든 성공과 명성 가운데서 그의 첫 번째 교사이자 최고의 교사인 어머니를 결코 잊지 않았다.

그는 어머니에 대해 이렇게 말했다. "내가 어머니의 엄숙한 말씀에 얼마나 큰 도움을 입었는지 말로 설명할 수 없다." 그의 동생은 이렇게 말했다. "그녀는 하나님의 은혜로 우리가 누린 모든 위대함과 선함의 출발점이었다."

이 장에서는 어린 아들에게 가장 큰 영적 영향을 준 어머니, 기도하면서 아들을 가르치고 훈련한 또 한 분의 어머니를 만날 것이다. 그녀에게서 우리는 간구하는 어머니의 미덕을 보게 될 것이다.

기도하며 보살피는 어머니

찰스 스펄전은 1834년 6월 19일 영국 에식스주에서 존과 엘리자의 첫째로 태어났다. 엘리자는 가까운 벨챔프 오튼에서 태어났고, 어린 시절에 대해서는 알려진 것이 별로 없지만 열아홉에 찰스 스펄전을 낳은 것을 보면 일찍 결혼했음을 알 수 있다. 존은 자기 아버지처럼 두 가지 직업을 가진 독립 교단 목사로, 주중에는 서기로 일하며 주말 사역 비용을 충당했다. 그가 일과 사역 때문에 출타하면 엘리자 혼자서 많은 자녀를 돌보아야 했다. 아홉 명이 어릴 때 죽긴 했지만 열일곱 명의 자녀가 있었던 것이다.

찰스는 태어난 직후 조부모 집에서 살았다. 아마도 출산에 문제가 있었거나 아기가 작았기 때문이었을 것이다. 그는 네다섯 살 때까지 거기서 머무르다가 집으로 돌아왔지만 어린 시절 내내 조부모 집에 가기를 좋아했다. 그곳에서 큰 도서관을 접하면서 평생 독서를 좋아하게 되었고, 신학 논쟁을 들으면서 그것을 이해하고 확신을 키워 가게 되었다. 또 청교도 작품을 특별히 좋아하게 되어 여섯 살 때 『천로역정』을 처음 읽었고, 결국 수백 번을 읽게 되었다.

집으로 돌아왔을 때 그는 세 남매의 맏이가 되어 있었고, 이제 그는 교육을 받아야 했다. 이 기간에 어머니가 그에게 가장 큰 영적 영향을 주게 되었다. 그는 겉으로는 모범생이었지만, 벌써 자신의 깊은 타락을 잘 알고 있었다. 나중에 그는 이렇게 말했다.

나는 하나님께 최대한 거역하고, 반역하고, 대들었다. 하나님이 내게 기도하라고 하시면 나는 기도하지 않았고, 목사님 말씀에 귀 기울이라고 하시면 나는 듣지 않았다. 말씀을 듣고 눈물이 두 볼에 흘러내릴 때는 얼른 닦아 하나님이 내 영혼을 녹이지 못하시게 저항했다. 그러나 내가 그리스도와 함께하기 오래전부터 하나님은 나와 함께하셨다.

그리스도께서는 어머니의 세심한 사역을 통해 그와 함께하기 시작하셨다. 존은 일로 바쁘고, 또 교인들을 돌보는 데 집중했기 때문에 양육의 책임 대부분은 엘리자의 몫이었다. 이 때문에 존은 걱정이 되고 때로는 죄책감을 느끼기도 했지만, 한 사건을 통해 자녀들이 선하신 하나님의 손안에 있음을 확신하게 되었다. 그가 바쁜 가운데 사역을 중단하고 집으로 돌아왔을 때였다.

문을 열었는데 아이들이 하나도 거실에 없어서 놀랐다. 조용히 위층으로 올라가는데 아내의 목소리가 들렸다. 그녀는 아이들과 함께 기도하는 중이었다. 아이들 이름을 하나씩 불러 가며 기도하고 있었다. 찰스에 이르러서는 특별하게 기도했다. 그 애는 혈기 왕성하고 앞뒤를 가리지 않는 성격이었기 때문이었다. 나는 아내의 기도가 끝날 때까지 듣고 있었다. 그리고 감격하여 "주님, 주님의 일을 계속하겠습니다. 아이들을 돌보아 주실 테니까요."라고 했다.

어머니가 자녀들을 모아서 성경을 읽어 주고 그리스도께로 돌아오도록 간구했던 일이 찰스의 어린 시절 기억 가운데 남아 있다. 이처럼 그녀는 자녀들에게 교사일 뿐만 아니라 전도자이기도 했다.

우리가 어렸을 때, 어머니는 주일 저녁마다 우리와 함께 집에 계셨다. 그때 우리가 테이블에 둘러앉아 성경을 한 구절, 한 구절 읽으면 어머니가 설명해 주셨다. 이것이 끝난 다음에는 간절히 원하는 시간이었다. 조셉 얼라인의 『천국에의 초대』, 리처드 백스터의 『회심으로의 초대』라는 책이 있는데, 우리가 이 책을 읽고 나면 어머니는 한 사람씩 지명하여 관찰한 것을 말하게 하셨다. 그리고 언제쯤 우리가 우리의 상태에 대해 생각하게 될지, 언제쯤 주님을 찾게 될지 질문하셨다. 그다음에는 어머니의 기도가 이어졌는데, 그 기도의 일부는 머리가 희끗하게 된 지금도 잊지 못한다.

이 기도에서 그녀는 구원의 은혜를 자녀들에게 베풀어 달라고 간청했다. 한번은 그녀가 이런 기도를 했던 것으로 찰스는 기억한다. "주님, 이제 저의 자녀들이 계속 죄를 짓는다면, 그들이 멸망하는 것은 무지해서가 아닙니다. 또 그들이 주님을 붙들지 않는다면, 심판 날에 제가 앞장서서 그들의 죄를 증언해야 합니다." 자기 어머니가 자기의 죄에 대해 증언한다는 생각은 그의 영혼을 찔렀고 마음을 움직였다. 그녀의 간구는 어린 아들에게 그토록 깊은 영향을 주었고, 오랜 후에 그 아들은 "어머니가 나에게 다가오는 진노를 피하라고 경고하셨는데 어찌 내가 그 눈물을 잊을 수 있겠는가?"라고 썼다. 또 한번은 그녀가 찰스의 목을 감싸 안으며 "오, 내 아들이 주님 앞에서 산다면 얼마나 좋을까!"라고 부르짖었다. 그녀의 간절한 소원은 자녀들이 구주를 영접하는 것이었다.

그러나 그때까지 찰스는 그리스도께로 돌아오지 않았었다. 열 살에서 열다섯 살 사이 동안 그는 자신의 영혼의 상태에 대해 괴로워하며 애를 썼다. 자신의 죄는 알았지만 용서를 알지 못했고, 거역은 알았지만 회개에 대한 확신이 없었다. 위대한 목사와 신학자들의 책을 읽었지만 안식을 얻지 못했다.

그러던 중 눈 내리는 어느 주일 아침, 한 감리교회에 들어가게 되었는데, 그곳 목사님이 "땅의 모든 끝이여 내게로 돌이켜 구원을 받으라"(사 45:22)라는 본문으로 설교했다. 그러더니 "젊은이, 예수 그리스도께로 돌이키시오! 돌이키시오! 돌이키시오! 돌이키시오! 돌이키기만 하면 삽니다."라고 부르짖었다. 찰스에게 필요한 것은 바로 그 단순한 메시지였다. 이제 그는 하나님께서 행함이 아니라 믿음을 요구하신다는 것을 이해하게 되었다. 그래서 그는 믿었다. 그는 주 예수 그리스도를 믿게 되었다.

  그는 곧 열심과 감사의 마음을 담아 어머니께 편지를 썼다. 최고의 교사가 되어 주시고, 하나님께 구원의 선물을 간구해 주신 어머니께 다음과 같이 감사를 전했다.

> 이제 어머니의 생신은 두 배로 기념해야 할 것입니다. 5월 3일 어머니께서 그토록 자주 기도하시던 아들, 희망과 두려움의 아들, 어머니의 큰아들이 지상에 있는 구속받은 자들의 가시적 교회에 참석할 것이며, 또한 공식적인 신앙고백을 통해 하나님께 연합될 것이기 때문입니다. 나의 어머니 당신은 하나님의 손에 들린 위대한 도구가 되어 내가 바라던 내가 되게 하셨습니다. 어머니의 친절하면서도 경고 섞인 주일 저녁 말씀은 제 마음 깊이 자리 잡고 있어서 절대 잊히지 않을 것입니다. 어머니는 하나님의 축복으로 그 선포된 말씀과 그 거룩한 책 『신앙의 발생과 발전』(The Rise and Progress)을 위한 길을 예비하

셨습니다. 만일 내가 용기를 가진다면, 구주께서 나를 부르시면 물로 든 불로든 내 구주를 따를 준비가 된다면, 나는 내 마음에 그런 용기를 불어넣으신 설교자요, 기도하고 보살피시는 나의 어머니 당신을 사랑할 것입니다.

스펄전은 곧 소년 설교자이자 설교의 황제가 되었다. 처음에는 수천 명이, 다음에는 수만 명이 떼를 지어 그의 설교를 들으러 왔다. 그의 설교는 글로 기록되어 전 세계로 보내졌다. 그는 평생 수백만 청중에게 설교했고, 국가의 왕과 대표들에게 관심과 칭송을 받았다. 하지만 그 모든 공을 자기 가족을 최고의 청중으로 삼았던 어머니께 돌렸다. 스펄전은 초기 설교에서 이렇게 말했다.

부모의 충고에 귀를 기울이지 않는 소년(아주 나쁜 아이)이 있었습니다. 그러나 그의 어머니는 그를 위해 기도했고, 그리하여 그가 지금 여기 서서 매주 이 교인들에게 설교하고 있습니다. 그의 어머니는 자기 첫째 아이가 복음을 설교하는 것을 생각하면서 자기를 행복한 여인이 되게 만드는 영광의 추수를 합니다.

엘리자는 신실했기에 영광의 추수를 한 행복한 여인이 되었다. 어머니로서 그녀의 최대 임무는 자녀를 영적으로 보살피는 것이었기에 그녀는 그 책임에 헌신했다. 그녀는 자녀들에게 하나님의 말씀을 가르쳤고, 그들의 영혼을 위해 기도했으며, 그들이 그리스도께로 돌아오도록 간구했다. 신실하게 자신의 책임에 헌신하며 자녀의 영혼을 보살폈기에, 아들에게 이런 찬사를 받았다. "그 어떤 사람도 경건한 어머니께 진 빚을 측정할 수 없습니다."

한 어머니의 묵상

요즘 어머니들은 매우 바쁘다. 우리는 해야 할 일과 가야 할 곳, 그리고 아이들의 운전기사가 되는 일에 사로잡혀 산다. 우리는 중요하게 보이지만 실제로는 그렇지 않은 일에 빠진다. 만일 우리가 정말 중요한 한 가지, 자녀의 구원에 집중한다면, 우리 가족이 얼마나 많이 변화되겠는가!

아이들의 편안함을 간구하는 데 들이는 시간만큼 그들의 영혼을 위해 간구하는가? 그들의 안전과 학교 시험, 병원 진료, 친구와의 논쟁을 위한 기도에 앞서 그들의 구원을 위해 기도해야 한다고 생각해 보았는가? 아들을 붙들고 그 단순한 기도를 하는 엘리자의 모습은 그녀의 단일한 초점에 대해 분명히 말해 준다. "오, 내 아들이 주님 앞에서 산다면 얼마나 좋을까!" 그런 기도와 비교해 보면, 내가 드리는 시시하고 세상적인 기도가 부끄러워진다.

찰스의 아버지가 집에 와서 엘리자가 아이들을 위해 드리는 기도를 들었던 이야기가 은혜가 된다. 그녀는 의도적으로 자녀들과 함께 큰 소리로 기도하고, 하나님의 구원을 간구했다. 자녀를 그리스도께 드리는 기도를 하면서 그 기도 소리에 담긴 열정과 확신을 자녀들이 듣게 했다. 현대의 어머니들은 이 이상을 해야 한다. 우리는 하나님께 기도하는 시간에 자녀를 불러서, 그들의 영혼을 위해 간구하고 그들이 그리스도를 따라 평생 가야 할 길을 위해 기도해야 한다.

이 이야기는 찔림 못지않게 힘도 준다. 어머니들이 이처럼 기도하지 못하는 이유는 기도가 정말 중요하다는 확신이 없어서가 아닐까 싶다. 그러나 찰스와 엘리자의 이야기는 우리의 기도가 정말 응답된다는 것과 그것이 궁극적으로 자녀를 사랑하는 것임을 깨닫게 한다.

• 묵상을 위한 질문 •

1. 자녀를 위한 기도 중에서 그들의 영혼을 위한 기도 시간은 얼마나 되는가?

2. 당신의 기도가 응답되지 않는 것처럼 생각되는가? 찰스와 엘리자의 이야기를 통해 그 생각이 어떻게 변했는가?

3. 자녀와 함께 기도하는가? 기도할 때 자녀를 위한 당신의 기도를 자녀가 듣는가?

4. 엘리자는 찰스의 "혈기 왕성하고 앞뒤를 가리지 않는 성격" 때문에 기도했다. 당신도 자녀의 성격 특성 가운데 그리스도의 주권 아래 있지 않으면 문제가 되는 특성을 찾아낼 수 있는가? 그 성격을 하나님의 영광을 위해 사용하시도록 기도하지 않겠는가?

5. 당신이 자녀를 위해 기도하는 것을 자녀에게 보여 줄 방법은 어떤 것이 있는가? 그들을 위한 기도를 들을 수 있도록 큰 소리로 기도하는 시간을 마련해 보라.

참고 자료

Arnold Dallimore, *Spurgeon: A New Biography* (Banner of Truth, 1987).
Tom Nettles, *Living by Revealed Truth: The Life and Pastoral Theology of Charles Haddon Spurgeon* (Christian Focus Publications, 2013).
W. Y. Fullerton, *Charles Haddon Spurgeon: A Biography* (Moody Press, 1966).

9

어머니의 끈질긴 믿음

_ 아우구스티누스
Aurelius Augustinus, 354-430

**아우구스티누스와
어머니 모니카**

어느 시대에든 광범위한 영향을 줌으로써 유명해진 사람들이 수없이 많다. 그러나 그 시대를 넘어 기억되는 사람, 세상에 큰 족적을 남겨 역사에 길이 기록되는 사람은 소수에 불과하다. 우리가 아는 히포의 주교 아우구스티누스가 거기에 해당되는 사람이다. 아우렐리우스 아우구스티누스라는 이름을 지닌 그는 처음에는 교수였지만, 극적으로 회심한 후 목회자와 신학자가 되었다. 그는 가장 뛰어난 교부라고 할 수 있으며, 또 그의 저서들은 오늘날 우리에게도 매우 친숙하다. 그가 남긴 유산을 살펴보지 않고는 기독교 신앙의 역사를 이해할 수 없을 정도다.

이 책에서 아우구스티누스를 살펴보아야 하는 이유는 그의 어머니를 빼고는 그의 역사를 말할 수 없기 때문이다. 그의 어머니의 끈질기고 인내하는 기도를 사용하여 아들을 믿음으로 돌이키는 것이 하나님의 선한 계획이었기 때문이다.

인내하는 믿음

아우렐리우스 아우구스티누스는 354년 11월 13일 북아프리카의 타가스테(현재 알제리의 수크 아라스)에서 태어났다. 북아프리카의 그 지역은 기독교의 영향을 많이 받아 온 곳으로 기독교 열기의 본산이었다. 그는 로마 시민권을 가진 좋은 가정에서 태어나 좋은 교육을 비롯하여 많은 특권을 누렸다. 그의 아버지 파트리시우스는 성격이 불같은 이교도였지만, 어머니 모니카는 경건한 성품을 지닌 그리스도인이었다.

모니카는 베르베르인으로 기독교 가정에서 자라 자기보다 나이가 훨씬 많은 파트리시우스와 결혼했다. 그녀는 남편의 폭력과 바람기 때문에 심히 괴로웠지만, 믿음으로 인내하면서 관심을 세 자녀에게로 돌려 어머니 역할에 헌신했다. 한 전기 작가는 이렇게 말한다.

> 아우구스티누스는 어머니의 젖으로 기독교를 접했다. … 그가 말을 할 수 있게 되자, 어머니는 즉시 그에게 기도를 가르쳤다. 그가 이해할 수 있게 되자, 어머니는 즉시 아이들에게 맞는 말로 기독교 신앙의 핵심 진리를 가르쳤다.

모니카는 아우구스티누스에게 성경과 바른 교리를 가르친 첫 번째 교사였던 것이다.

세 자녀 가운데 아우구스티누스가 가장 많이 속을 썩였다. 그는 어린 시절부터 반항적이어서 어머니가 가르친 믿음과 윤리를 거부했다. 또 한동안 쾌락주의에 빠져서 육체적 쾌락을 즐겼으며, 여자를 유혹하고 그것을 의기양양하게 자랑하고 다녔다. 열아홉 살 때는 어린 카르타고 여인과 사귀기 시작했고, 아들까지 낳았다. 부모는 낮은 신분의 그녀가 아들과 전혀 어울리지 않는다고 여겼다. 부모는 계속 이들의 관계를 인정하지 않았지만, 아우구스티누스는 15년 동안 그녀와 동거했다.

끈질긴 인내

옛 역사를 연구할 때 어려운 일은 사실과 신화를 구분하는 것이다. 그러나 모니카가 아들의 반항을 기도(간절한 기도, 애원하는 기도, 눈물어린 기도와 금식)로 대응했다는 것은 우리가 아는 분명한 사실이다. 한 주교는 모니카의 기도를 알고 "많은 눈물로 키운 아들은 망할 수가 없습니다."라고 그녀를 위로해 주었다. 그녀는 아우구스티누스를 위해 기도할 뿐 아니라 늘 그와 가까이 있으면서 그가 어디를 가면 동행했다. 남편 파트리시우스가 죽자 그녀는 교회 봉사에 헌신하며 병자를 심방하고 고아를 돌보았다. 그러는 동안에도 아들이 그리스도께로 돌아오기를 쉬지 않고 기도했다.

아우구스티누스는 학교에 다닐 때는 명석한 학생으로서 두각을 나타내더니, 다음에는 수사학 교수로서 명성을 날렸다. 그는 교수가 되기 위해 카르타고와 밀라노로 갔는데, 거기서 마니교라는 이교를 접하게 되었다. 아우구스티누스는 영적인 선과 물질적인 악 사이의 싸움을 강조하는 이원론에 끌렸다. 이 사상에 완전히 빠져들지는 않았지만 그는 상당 기간 이를 확신했다.

밀라노에 정착한 후 그는 암브로시우스 주교를 만났고, 기독교 신앙에 대한 의문을 해결해 주는 그의 지성과 기교에 이끌렸다. 30대 초반이었던 그는 기독교가 진리이면서도 만족을 줄 수 있을지 알고 싶었다. 또 자신의 격렬한 육적 욕망에 대해 해결책을 줄 수 있을지도 궁금했다.

어느 날 그가 정원에 앉아 있는데 "집어 들어 읽어라."라고 하는 아이의 노랫소리를 듣게 되었다. 그는 그것을 명령으로 여기고 가까이 있는 책을 찾아 즉시 읽었다. 바울이 쓴 로마서였다.

> 낮에와 같이 단정히 행하고 방탕하거나 술 취하지 말며 음란하거나 호색하지 말며 다투거나 시기하지 말고 오직 주 예수 그리스도로 옷 입고 정욕을 위하여 육신의 일을 도모하지 말라(롬 13:13-14).

그때부터 그는 완전히 변화되었고, 그다음 부활절에 암브로시우스에게 세례를 받았다. 모니카도 함께하면서 그 역사적인 사건을 보며 그토록 오래 기다렸던 기도 응답에 기뻐했다. 그리고 몇 달 후, 그녀는 아들과 남편이 자신이 전한 복음을 듣고 그리스도께로 돌아온 것을 확인한 후 평안히 죽었다.

그리스도인이 된 아우구스티누스는 처음에는 수도사 같은 삶을 살려고 했지만, 레기우스에 갔을 때 사람들로부터 안수를 받으라는 요청을 받고 망설임 끝에 그 요청을 받아들였다. 그는 설교와 저술에 전념하여 『고백록』과 『신국론』 같은 대작을 남겼다. 이 두 작품은 오늘날도 널리 읽히는 걸작이다. 그는 초기 기독교 신학 정립에 핵심적인 역할을 했으며, 그의 저작은 중세와 종교 개혁, 그리고 개혁 신학의 발전에 중요한 역할을 했다. 그의 믿음에 오래도록 깊이 영향을 준 사람은 몇 안 된다. 그 사람들 가운데서 어머니께 가장 큰 감사의 빚을 지고 있음을 그는 알았다.

아우구스티누스는 자서전인 『고백록』을 쓰면서 그 공을 어머니께 돌렸다. 그는 회심 직후 어떻게 처음으로 시편을 읽었으며, 또 어떻게 어머니가 그와 함께 그것을 읽으셨는지 설명한다. 그가 어머니께 시편을 이해할 수 있도록 도움을 구했는데, 그 이유는 이러했다. "그녀는 꾸준히 그 길을 걷고 있었던 반면, 나는 아직 내 길을 가고 있는 것처럼 생각되었기 때문이었다. 그녀는 이제 내 앞에서 사라졌으나, 내가 하나님 앞에서 살도록 오랫동안 나를 위해 눈물 흘린 분이었다." 한 전기 작가는 그녀의 영향에 대해 이렇게 설명한다.

> 그녀는 행복한 여인으로 죽었다. 자신의 기도가 응답되어 아들과 남편 둘 다 신자가 된 것을 확인했기 때문이다. 어머니가 죽을 때 아우구스티누스는 33세였다. 그리스도와 교회를 섬길 시간이 많이 남아 있었다. 나중에 아우구스티누스는 자신의 삶을 뒤돌아보면서 어머니의 인내의 기도가 자신의 구원과 사역에 얼마나 중요한 역할을 했는지 인정했다.

그는 도망칠 수 있었을지 모르지만, 어머니의 기도로부터는 도망칠 수 없었다.

그 이후 가톨릭교회는 모니카를 성인으로 추대하여 지금은 '성 모니카'로 알려져 있다. 그녀를 숭모하는 사람들은 그녀에게 기도하고, 그녀의 유물을 숭배한다. 이것은 미신이며 신성 모독이다. 만일 모니카와 그 아들이 이런 일을 본다면 분명 매우 실망할 것이다. 그녀의 삶을 통해 그녀가 사랑하고 섬긴 하나님을 찾는 것이 그녀를 가장 위하는 길이다.

한 어머니의 묵상

아우구스티누스의 이야기는 오랫동안 방황하고 있는 자녀를 둔 어머니들에게 큰 위로가 된다. 이것은 하나님이 구원하실 때가 이르면 구원하신다는 좋은 증거다(또한 하나님의 완전한 주권을 믿고 희망을 품게 한다. 절대로 그리스도께 돌아올 것 같지 않은 사람들도 희망이 있는 것이다.) 모니카의 인내와 기도는 그 방탕한 자녀를 변화시켰다. 아우구스티누스가 어릴 때 어머니께 배운 교훈을 저버린 것을 보면, 그것이 그의 회심에 영향을 주지 못한 것처럼 보일 수 있다. 그러나 어린 소년이었을 때 믿음의 씨앗이 심어졌고, 하나님은 그 진리의 씨앗을 사용하셔서 그를 돌이키셨다.

모니카는 아들이 30대였을 때도 성경을 가르치는 즐거움을 누렸다. 서른세 살이나 되는 아우구스티누스가 한 여인에게 배우는 모습을 상상해 보라! 이야말로 교회의 여성들에게, 특히 어머니들에게는 큰 힘이 된다. 아이들이 자라면서 그들의 일상에 대한 우리의 영향력은 줄어들지만, 그래도 성경의 진리와 하나님의 말씀대로 사는 법을 가르칠 기회가 있다.

모니카의 이야기는 자녀를 절대 포기하지 않아야 한다는 교훈을 준다. 절대로 기도를 포기하지 않아야 하고, 희망을 포기하지 않아야 하고, 그리스도께로 인도하려는 노력을 포기하지 않아야 한다.

모니카는 아들의 인생 후반기가 전반기와 어떻게 달라질지 알 수 없었지만, 하나님이 아들에게 적합한 일을 하시리라는 희망을 버리지 않았다. 하나님은 결국 그녀가 꿈꾼 것보다 훨씬 큰일을 행하셨다.

그리고 또 한 가지. 모니카는 모질고 잔인한 남편과 함께 살면서도 믿음으로 인내했고, 결국 남편도 구원에 이르게 되었다. 불신 남편 때문에 힘들어하는 여성들이 이 이야기를 읽고 힘을 얻었으면 좋겠다.

Devoted:
Great Men and Their Godly Moms

• 묵상을 위한 질문 •

1. 하나님을 거역하는 자녀가 있는가? 아우구스티누스와 모니카의 이야기는 모든 것을 변화시키는 하나님의 능력에 대해 어떤 것을 보여 주는가?

2. 혹시 자녀를 포기하고 싶은 상태에 있는가? 그렇다면 모니카를 보면서 어떤 교훈을 얻는가?

3. 이미 자녀가 집을 떠나 살고 있는 경우라면, 현재 당신이 영향을 줄 방법은 무엇인가?

4. 자녀의 삶 가운데 당장 오늘부터 인내의 기도를 해야 할 부분이 있는가?

참고 자료

Frances Alice Forbes, *The Life of Saint Monica* (London, Burns Oates & Washbourne, 1928).

10

근면한 어머니의 영향력
**드와이트 무디**
Dwight Lyman Moody, 1837-1899

드와이트 무디

무디의 어머니 벳시

　좋은 조건에서 자란 사람이 성공하는 것은 대단한 일이 아니다. 좋은 집에서 태어나 특별한 교육을 받고 남보다 좋은 기회를 누린 사람이 성공하는 것을 보고 놀라워할 사람은 없다. 그러나 비천한 환경을 극복하고 세상을 변화시키는 사람은 주목을 받는다. 역사상 가장 위대한 전도자 가운데 한 사람이 된 한 그리스도인이 그랬다. 그는 비참할 정도로 가난한 환경에서 자랐고, 최소한의 교육밖에 받지 못했다. 그러나 험한 고난을 견뎌 낸 어머니의 강인함 덕분에 성공했다. 그는 바로 드와이트 무디다.

　무디는 어머니가 죽었을 때 그녀 곁에 있었다. 후에 그 경험을 회상하며 그는 이렇게 말했다.

　마침내 "어머니, 어머니." 하고 불렀습니다. 그런데 아무 대답이 없으셨습니다. 어머니는 잠드셨습니다. 그러나 나는 거듭거듭 부를 수밖에 없었습니다. 친구들이여, 지금은 슬퍼할 때가 아닙니다. 여러분은 우리가 울지 않는 이유를 이해하기 바랍니다. 우리는 그런 어머니를 두었다는 것이 자랑스럽습니다. 우리는 놀라운 유산을 물려받았습니다.

놀라운 유산

드와이트 라이먼 무디는 1837년 2월 5일 미국 매사추세츠주 노스필드에서 에드윈과 벳시의 아홉 자녀 중 여섯째로 태어났다. 부모는 모두 청교도 후손으로, 선조들은 아메리카에 처음으로 정착한 사람들이었다. 선조들은 1633년경 아메리카에 도착해 처음에는 매사추세츠주 록스베리에 정착했다. 이후 뉴잉글랜드 여러 곳으로 퍼져 나갔고, 무디의 아버지 에드윈이 태어날 때쯤 노스필드로 왔다.

어머니 벳시는 그 도시를 창설한 사람들 가운데 하나의 후손으로 탄탄한 집안 출신이었다. 에드윈과 벳시가 가정을 이룰 당시 에드윈은 성공한 석공으로 아내와 자녀에게 헌신적이었다. 그러나 술을 좋아하게 되면서 돈을 낭비하는 바람에 돈을 빌려 작은 집을 사야 했다. 결혼 생활 초, 이들은 행복한 것 같았지만 빚이 눈덩이처럼 불어나 어려움을 겪을 수밖에 없었다.

1841년 비극이 닥쳤다. 에드윈이 심장 마비로 갑작스럽게 죽은 것이다. 그때 드와이트는 겨우 네 살이었고, 형제는 여섯이나 되었다. 어머니는 임신 중이었는데, 곧 쌍둥이를 낳아 자녀 아홉을 둔 홀어머니가 되었다. 게다가 남편이 빚을 남기고 죽어 빚쟁이들이 들이닥쳤고, 그들은 법이 허용하는 선에서 난로용 장작에 이르기까지 모든 것을 가져가 버렸다.

벳시 가족은 대출받은 빚에, 생계 수단도 없는 극한 빈곤에 처하게 되었다. 너무나 가난했기 때문에 벳시는 아이들을 학교에 갈 시간이 될 때까지 침대에 누워 있게 했다. 난방할 장작이 없었기 때문이었다. 그때도 빚쟁이들이 찾아와서 빚을 갚으라고 위협했다. 보다 못한 친구들은 가족이 뿔뿔이 흩어지더라도 아이들을 친척 집으로 보내라고 했다. 그러나 벳시는 완강하게 거부했다.

친척들과 근처 회중교회 목사 올리버 에버렛의 도움으로 첫해 분 대출금이 해결되었다. 에버렛은 음식과 기타 필요한 것을 가져다주고, 아버지처럼 벳시의 가족과 함께하면서 벳시가 가정을 잘 이끌도록 격려했다. 벳시는 성실하게 교회에 출석하면서 자기 집에 있는 책(성경과 교리문답집, 작은 경건서)을 가지고 자녀들을 가르쳤다. 그녀는 자녀를 훈육하면서 필요할 경우 엄하게 다스렸다. 자녀들은 벳시를 잘 따랐고, 모두 성장한 후에도 어머니 집에 있기를 좋아했다.

벳시는 가정에 긴급한 것을 마련하는 데 많은 시간을 들였다. 밭을 일구고, 곡식을 심으며, 이웃집 일을 하는 등 닥치는 대로 일을 했다. 집에 있을 때는 실을 뽑아 옷감을 만들어 자녀들의 옷을 만들고 해진 옷을 꿰맸다. 때로 그 가족은 이제 더는 버틸 수 없을 것같이 보였지만, 그래도 끝까지 근근이 버텨 냈다.

그 모든 과정에서도 그녀는 공급하시는 하나님을 신뢰했고, 그 단순한 믿음은 응답을 받았다. 그녀의 신념은 "하나님을 신뢰하라."였다. 그녀는 자기가 가진 것을 더 적게 가진 사람을 위해 희생해야 할 때도 하나님을 신뢰했다. 또 밤에는 눈물로 부르짖다 잠들지라도, 하나님의 능력을 붙들고 자녀들 앞에서 늘 밝은 표정을 지었다.

오랜 시간이 흘러 드와이트는 잠언 31장 말씀으로 어머니를 칭송했다.

"누가 현숙한 여인을 찾아 얻겠느냐 그의 값은 진주보다 더하니라 그런 자의 남편의 마음은 그를 믿나니 산업이 핍절하지 아니하겠으며 그런 자는 살아 있는 동안에 그의 남편에게 선을 행하고 악을 행하지 아니하느니라"(10-12절).

어머니는 54년 동안 과부로 지내셨지만 죽는 날까지 한결같이 남편을 사랑하셨습니다. 어머니는 아버지를 존경하라는 것 외에 다른 것은 가르치지도 말하지도 않으셨습니다. 어머니는 아버지를 끝까지 사랑하셨습니다.

"그는 양털과 삼을 구하여 부지런히 손으로 일하며"(13절).
이것이 어머니의 모습이었습니다.

"밭을 살펴보고 사며 자기의 손으로 번 것을 가지고 포도원을 일구며 힘 있게 허리를 묶으며 자기의 팔을 강하게 하며 자기의 장사가 잘되는 줄을 깨닫고 밤에 등불을 끄지 아니하며"(16-18절).
과부 무디의 등불은 54년 동안 그 언덕 위의 방에 켜져 있었습니다. 우리는 어머니가 편히 계실 방을 만들어 드렸지만, 어머니는 거기에 별로 계시지 않았습니다. 어머니가 계시고 싶어 한 방이 있었습니다. 거기서 자녀들이 태어났고, 거기서 처음 슬픈 일을 겪었고, 거기서 하나님을 만났습니다. 그곳이 어머니가 계시기 원하는 곳이었고, 자녀들이 어머니를 만나기 원하는 곳이었습니다. 그곳이 어머니가 힘들게 일하며 눈물 흘린 곳이었습니다.

"그는 곤고한 자에게 손을 펴며 궁핍한 자를 위하여 손을 내밀며"(20절).
어머니는 집을 찾아온 가난한 사람을 절대로 돌려보내지 않으셨습니다. 한번은 우리가 한 덩이도 안 되는 빵을 먹으려고 둘러앉아 있었습니다. 그때 한 사람이 굶주린 채 찾아왔습니다. 어머니는 "애들아, 빵 조각을 좀 더 얇게 잘라서 이분에게 좀 드리자."라고 하셨습니다.

우리도 모두 어머니 말씀에 찬성했습니다. 어머니는 우리를 그렇게 가르치셨습니다.

"자기 집 사람들은 다 홍색 옷을 입었으므로 눈이 와도 그는 자기 집 사람들을 위하여 염려하지 아니하며"(21절).

어머니는 이웃집 아이들이 집에 오는 것을 막지 않으셨습니다. 파티가 있을 때는 "누가 나와 함께 집에 있겠니? 나는 혼자가 될 거야. 아이들에게 여기로 오라고 하지 그래?"라고 하셨습니다. 그렇게 어머니는 이웃집 아이들을 집에 오게 하셨고, 자녀들이 어디에 있는지 아셨습니다. 그리고 자녀들이 다 안전하게 잠자리에 든 것을 확인하기 전까지는 문을 잠그지 않으셨습니다. 어머니는 자녀들을 위한 것이라면 그 무엇도 힘들다 하지 않으셨습니다.

세계를 변화시키는 사역

드와이트는 어릴 때부터 말썽 많고 고집이 센 아이였다. 그는 학교 교육을 별로 받지 못했지만 가족의 생계를 위해 종종 힘든 노동을 하면서 힘을 보태야 했다. 고향에서 일할 수 있을 때도 있었지만, 때로는 일자리를 얻기 위해 먼 곳으로 나갔다. 그렇게 번 돈 대부분은 어머니께 드려서 가족을 돌보게 했다.

1854년 드와이트는 동생과 함께 통나무를 자르다가 이제 그런 일은 그만하고, 도시로 나가 돈을 벌어야겠다고 생각했다. 그때 목표는 10만 달러를 버는 것이었다. 다행히 보스턴에 있는 삼촌이 자기 구두 가게에서 일하게 해 주었다.

드와이트는 일을 열심히 했지만 외로움을 느껴 한 회중교회에 나가려고 했다. 그러나 간단한 신학 지식 테스트에 떨어지는 바람에 거부당했다. 그는 교회 예배는 견디기 어려워했지만, 에드워드 킴볼 선생님이 가르치는 주일학교에는 잘 적응했다. 어느 날 아침, 킴볼 선생님은 드와이트의 영적 상태를 점검해 보기로 했다. 그는 구두 가게로 가서 드와이트와 이야기를 나누었다. 그는 "우리를 향한 그리스도의 사랑과 그리스도께서 우리에게 원하시는 사랑에 대해" 말했다. 그때 드와이트는 구원을 받았다.

이제 그리스도인이 된 열아홉 살의 드와이트는 일을 계속하면서 장사도 해 보려고 시카고로 이사했다. 거기서 그는 플리머스 회중교회에 출석하며 장의자 한 칸을 빌려 매 주일 사람들로 가득 차게 했다. 그는 모르는 사람들도 예배에 초청했고 많은 사람이 응했다. 얼마 되지 않아 그는 한 친구와 함께 그 도시의 가장 소외된 지역에서 사역을 시작했다. 그들은 곧 어린이들을 모아 예수님에 대해 가르쳤고 엄청난 성공을 거두었다. 이 전도 사역이 기초가 되어 새로운 교회를 세웠고 대단한 인기를 얻었다. 1871년 시카고 대화재 이후 그는 순회 부흥사 일을 해야 한다는 부담을 느꼈다. 세계가 변했다. 그는 음악가 아이라 생키와 함께 미국뿐만 아니라 다른 나라도 다니면서 수천수만 군중에게 설교했고, 셀 수 없이 많은 사람을 그리스도께로 인도했다.

아들의 축복 기도를 받다

1875년 드와이트는 설교하기 위해 노스필드로 돌아왔고, 벳시도 그 집회에 참석했다. 설교 본문은 시편 51편이었다. 설교 마지막에 그는 일어서서 기도 받을 사람이 있는지 물었다. 그때 그의 어머니가 직접 일어서서 그는 감격했다. 이것이 그녀의 회심이었을까, 아니면 단순한 영적 각성이었을까? 우리는 알 수 없다. 무디는 후자로 생각했음이 분명하다. 이 일이 있기 전에 종종 그녀의 큰 믿음에 대해 이야기했기 때문이다.

드와이트는 평생 어머니와 친밀한 관계를 유지했고, 노스필드로 돌아와 가까이 살기도 했다. 떨어져 있을 때는 매일 편지로 어머니에게 지혜와 조언을 구했다.

어머니를 너무도 많이 생각했기에 말로는 절반도 표현할 수 없습니다. 그 사랑스러운 얼굴! 그보다 좋은 얼굴은 세상에 없습니다. 50년을 돌아왔었지만 돌아오는 길은 언제나 즐거웠습니다. 50마일 이내로 가까워지면 항상 안달이 나서 차 안에서 일어섰다 앉았다 했습니다. 기차가 결코 노스필드에 도착하지 못할 것 같았습니다. 어머니는 68년 동안 그 언덕 위에서 사셨습니다. 어두워진 후에 돌아올 때는 어머니의 방 창문에서 나오는 빛을 바라보았습니다.

그는 영원히 어머니 집을 편안하게 여겼고, 나이 든 어머니를 계속 보살피며 필요한 것을 마련해 드렸다. 어머니는 91세까지 살다가 아들보다 3년 앞서 세상을 떠났다. 장례식에서 무디는 형제들을 대표하여 어머니를 추도했다.

여러분께 어머니의 신조 한 구절을 말씀드리고 싶습니다. 어머니의 신조는 아주 짧습니다. 그것이 무엇인지 아십니까? 말씀드리겠습니다. 모든 일이 어렵게 될 때 어머니께 버팀목이 되어 준 것은 "나는 하나님을 신뢰한다. 나는 하나님을 신뢰한다."라는 말이었습니다. 이웃들이 와서 아이들을 남에게 맡기라고 했을 때 어머니는 "내게 이 두 손이 있는 한 안 됩니다."라고 말씀하셨습니다. 그러면 그들은 "그래요, 알다시피 여자 혼자서 일곱 아들을 키울 수는 없잖아요. 애들은 교도소로 가거나 목에 줄을 맬 거에요."라고 했습니다. 어머니는 열심히 일하셨습니다. 그래서 우리 중 누구도 교도소에 가지 않았고,

목에 줄을 맨 사람도 없습니다. … 만일 모든 사람이 이런 어머니에게 이런 양육을 받는다면, 세상에 교도소가 필요 없을 것입니다.

여기 책(작은 경건서)이 있습니다. 이것과 성경이 그때 어머니가 가지고 계셨던 책 전부입니다. 매일 아침 어머니는 우리를 일으켜 세워 이 책을 읽어 주셨습니다. 책 전체에 표시가 되어 있습니다. … 주일이면 어머니는 우리를 주일학교에 보내셨습니다. 주일학교에 가고 가지 않고는 우리가 따질 수 있는 문제가 아니었습니다. 가족 모두가 참석했으니까요.

제가 생각하기로는 어머니는 이 세상에서 가장 고귀한 분에 속합니다. 어머니는 햇빛처럼 진실했습니다. 어머니가 속이는 것을 본 적이 없습니다. 오늘은 안타까워할 날이 아니라 기뻐할 날입니다. 어머니는 마치 잠드는 것처럼 고통도 괴로움도 없이 가셨습니다. 이제 우리는 주님께서 부활의 능력으로 오실 날을 기다리며 어머니의 시신을 묻어 드립니다. 그 아침에 어머니를 만날 때는 어머니가 영화로운 몸을 가지고 계실 것입니다. 변화산에 나타난 모세의 몸은 비스가에 묻혔던 몸보다 나았습니다. 우리가 엘리야를 만나면 그는 영화로운 몸을 가지고 있을 것입니다. 그 사랑스러운 어머니는, 우리가 다시 보게 될 때는 영화로운 몸을 가지고 계실 것입니다.

드와이트는 어머니의 얼굴을 바라보며 이렇게 말했다. "어머니, 하나님이 복 주시기를 바랍니다. 우리는 여전히 어머니를 사랑합니다. 죽음은 어머니에 대한 사랑을 더 커지게 했을 뿐입니다. 어머니, 잠시 안녕히 계십시오." 그런 다음 그토록 경건한 어머니를 주신 하나님께 감사드렸다.

한 어머니의 묵상

이 이야기는 가족을 부양하기 위해 열심히 일하고, 가족과 함께하기 위해 노력한 어머니의 예라고 할 수 있다. 벳시는 자녀들에게 전적으로 헌신했다. 자녀들을 교회에 데려가 성경과 교리문답을 가르쳤지만, 그들을 돌보는 일만 해도 시간이 부족했을 것 같다. 이런 면에서 보면 싱글 맘들에게 새로운 이야기가 될 것이다. 그녀는 신실하게 자녀를 교회에 보내면서 자기희생의 삶을 본으로 보여 주었다. 그래서 하나님도 신실하게 그녀의 아들을 구원하여 하나님 나라에 큰 역할을 하는 위대한 복음 전도자가 되게 하셨다.

교회 출석에 대한 그녀의 성실함과 뜨거운 사랑은 무디에게 많은 영향을 주었다. 궁극적으로는 무디가 그의 일생 동안 기독교 신앙을 위해 엄청난 노력을 하는 데 영향을 끼쳤다. 그녀의 단순한 믿음과 하나님에 대한 신뢰가 아들로 하여금 그토록 뜨거운 믿음을 가지게 했다. 이 사실은 우리에게 큰 힘을 준다.

　벳시의 이야기는 우리가 하나님을 신뢰한다면, 실제로도 그렇게 살아야 한다는 도전을 준다. 그녀의 신조("나는 하나님을 신뢰한다.")는 무디의 삶에서 그대로 드러난다. 빵 한 덩이밖에 없는 상황에서도 하나님이 가족을 먹이실 것이라고 믿는 굳건한 믿음을 어머니에게서 보았기 때문이다. 자녀에게 주려던 것을 낯선 사람에게 나누어 줄 수 있겠는가? 아니면 낯선 사람을 돌려보내겠는가? 일상생활에서 우리는 그리스도를 진정으로 신뢰한다는 것을 자녀에게 어떤 방법으로 보여 주고 있는가? 말로만 온종일 그런다고 하고, 아이들 앞에서는 그런 믿음으로 살지 못하고 있지 않은가?

Devoted:
Great Men and Their Godly Moms

• 묵상을 위한 질문 •

1. 온갖 고난과 시련 속에서도 벳시는 자녀들을 신실하게 교회로 데리고 갔다. 당신으로 하여금 신실하게 교회에 출석하는 것을 방해하는 것이 있는가? 당신과 자녀들이 빠지지 않고 교회에 출석하기 위해 해야 할 일은 무엇이 있는가?

2. 자녀들에게 필수품(당연해 보이는 음식, 가정, 겨울 난방 등까지도)을 공급해 주시는 하나님께 감사하도록 가르쳤는가?

3. 당신도 벳시처럼 가진 것을 다른 사람들에게 나누어 줄 수 있겠는가? 하나님이 공급해 주신 것에 대해 너그러운 마음을 가지고 있는가? 어떻게 하면 자녀들이 그들의 것을 너그럽게 나누어 주게 할 수 있겠는가?

4. 도무지 불가능해 보이는 것이었는데 하나님이 공급해 주신 경험이 있는가? 오늘 시간을 내어 하나님이 공급해 주신 그 이야기를 자녀들에게 들려주면 어떻겠는가?

참고 자료

Kevin Belmonte, *D. L. Moody: A Life* (Moody Publishers, 2014)

11

성경에 충실한 어머니의 영향력

_ 디모데
Timothy

디모데와
어머니 유니게

　사상 최고의 신학자와 함께하는 시간을 가지면 어떨까? 그리스도 이후 최고의 신학적 지성을 한 시간이나 하루가 아니라 수년 동안 만난다고 상상해 보라. 어떤 질문을 했을지 생각해 보라. 오직 하나님의 영광을 위해 사는 삶을 보고 본받을 방법을 모두 찾아보라.

　사도 바울의 제자가 되는 놀라운 특권을 누린 한 젊은이가 있었다. 바로 디모데다. 그는 신약 성경 거의 절반을 기록한 바울과 함께 여행하고, 목회하고, 기도하고, 예배하고, 고난을 받았다. 이 두 사람은 매우 가까워졌고, 바울은 그를 아들로 여겨 "믿음 안에서 참 아들 된 디모데"(딤전 1:2)라고 했다. 실로 디모데는 당시 사람들 다수가 갈망할 만한 놀라운 특권을 누렸다.

　그러면 디모데는 어떤 점이 남달랐을까? 바울은 디모데가 다른 사람을 위한 진실한 관심과 성실한 믿음을 가졌다고 말한다(빌 2:20;

딤후 1:5). 그러면서 그가 그런 믿음을 가진 데는 어머니와 할머니의 공이 크다고 말한다. 이제 초대 교회로 돌아가 어머니의 양육에 크게 영향을 받은 사람, 디모데에 대해 살펴보도록 하겠다.

멘토를 만나다

바울은 전도와 교회 개척을 할 때는 늘 세심하게 주의를 기울였다. 그는 기도하는 마음으로 여정을 계획한 후 장기간의 선교 여행을 떠났다. 이 도시 저 도시에 차례로 머물면서 복음을 전하고, 교회를 세우고, 지도자를 임명했다. 그의 첫 번째 여정은 안디옥에서 시작되었다. 거기서 그는 바나바와 함께 선교 사역으로의 부르심을 받았다. 처음에 그들은 배를 타고 구브로로 갔고, 그다음에는 육지로 돌아와 두루 돌아다니며 여러 교회를 세웠다. 그리고 마침내 본거지로 돌아와 하나님이 역사하신 소식을 파송 교회에 전했다.

얼마 후 바울은 바나바에게 "우리가 주의 말씀을 전한 각 성으로 다시 가서 형제들이 어떠한가 방문하자"(행 15:36) 하고 제안했다. 그러나 안타깝게도 서로 다투게 되어 바울은 바나바 대신 실라와 함께 수리아와 길리기아로 다니며 교회들을 방문했다. 그러다가 루스드라에 도착하여 뜻밖에 기쁜 일을 만나게 된다.

> 바울이 더베와 루스드라에도 이르매 거기 디모데라 하는 제자가 있으니 그 어머니는 믿는 유대 여자요 아버지는 헬라인이라 디모데는 루스드라와 이고니온에 있는 형제들에게 칭찬받는 자니 (행 16:1-2).

여러 사람으로부터 경건하고 성숙한 믿음을 가졌다고 인정받는 젊은이를 만났으니 얼마나 기뻤겠는가! 바울은 즉시 디모데에게 호감을 느꼈고, 하나님이 그를 사역으로 부르셨다고 확신하게 되었다. 사실 바울은 당장 디모데와 함께 여행하게 되기를 원했다. 그러나 디모데에게 준비시켜야 할 것이 한 가지 있었다. 그들이 사역하는 곳의 문화와 관련된 것이었다.

> 바울이 그를 데리고 떠나고자 할새 그 지역에 있는 유대인으로 말미암아 그를 데려다가 할례를 행하니 이는 그 사람들이 그의 아버지는 헬라인인 줄 다 앎이러라(행 16:3).

디모데는 아버지가 유대인이 아니었기 때문에 할례를 받지 않았다. 디모데가 그리스도인이 되는 데는 할례가 필요하지 않지만, 유대인에게 효과적으로 사역하기 위해서는 할례가 중요했다. 그래서 바울은 그에게 할례를 행하고 복음 사역을 위해 안수했다. 디모데까지 합류한 바울 일행은 루스드라를 떠나 다음 사역지로 향했다.

바울 일행은 마게도냐를 다니면서 복음을 전하고 새로운 교회를 세웠다. 디모데는 이때 바울과 실라가 매를 맞고 빌립보 감옥에 갇힌 것을 보았고, 빌립보 간수가 믿음을 갖게 된 것도 보았다. 수많은 데살로니가인이 복음을 받아들인 반면, 어떤 사람들은 격렬한 폭동을 일으키는 것도 보았다. 디모데는 바울과 실라와 함께 그 성에서 빠져나와 베뢰아로 갔다. 베뢰아 사람들은 신사적이어서 간절한 마음으로 말씀을 받아들이고, 그것이 사실인지 알아보려고 성경을 연구했다. 바울은 더 큰 문제가 일어나지 않도록 베뢰아 사역을 디모데와 실라에게 맡기고 아덴으로 떠났다. 디모데가 사역을 시작한 지 처음 몇 달 동안 이 모든 일이 일어났다.

디모데의 이름은 바울의 가장 충실한 친구이자 가장 신뢰할 수 있는 동역자로 신약 성경에 거듭 나온다. 그는 바울이 로마서를 쓸 때 함께 있었다. 로마서 마지막에서 바울은 "나의 동역자 디모데와 … 너희에게 문안하느니라"(롬 16:21)라고 했다. 디모데는 바울이 고린도전·후서, 빌립보서, 골로새서, 데살로니가전·후서를 쓸 때도 함께 있었다.

디모데는 감옥에 갇히기도 했다. 이 말씀에서 그 사실을 알 수 있다. "우리 형제 디모데가 놓인 것을 너희가 알라 그가 속히 오면 내가 그와 함께 가서 너희를 보리라"(히 13:23). 디모데는 초대의 이단에 맞서 신앙을 충실히 옹호한 사람이며, 경건한 성품의 본을 보인 사람이었다. 그는 두말할 것 없이 초대 교회의 가장 중요한 지도자 가운데 한 사람이었다.

진실한 믿음

디모데는 어떤 사람이었기에 그런 사역을 할 수 있었을까? 최고의 지성을 가진 사람이었을까? 세계적 수준의 교육을 받은 사람이었을까? 아니면 돈 많고 권력 있는 아버지를 둔 사람이었을까? 성경은 그의 어머니와 할머니의 믿음을 강조한다. 디모데는 기독교 가정에서 양육 받는 엄청난 특권을 가지고 있었다. 바울은 디모데에게 보낸 편지에서 이런 말을 한다.

> 그러나 너는 배우고 확신한 일에 거하라 너는 네가 누구에게서 배운 것을 알며 또 어려서부터 성경을 알았나니 성경은 능히 너로 하여금 그리스도 예수 안에 있는 믿음으로 말미암아 구원에 이르는 지혜가 있게 하느니라(딤후 3:14-15).

디모데는 어머니와 할머니에게서 사랑과 보살핌을 받았고, 어려서부터 성경을 잘 알았다.

이는 네 속에 거짓이 없는 믿음이 있음을 생각함이라 이 믿음은 먼저 네 외조모 로이스와 네 어머니 유니게 속에 있더니 네 속에도 있는 줄을 확신하노라(딤후 1:5).

디모데는 성경에 대한 사랑이 특별한 가정에서 양육 받았다. 그런데 디모데의 어머니가 무엇을 했기에 바울이 이처럼 그녀를 칭송한 것일까? 바울은, 디모데의 어머니와 할머니가 성경을 가르쳤다고 말한다. 그 성경이 디모데 안에서 역사한 것이다. 성경이 "그리스도 예수 안에 있는 믿음으로 말미암아 구원에 이르는 지혜가 있게"(딤후 3:15) 했다. 성경이 그를 구원하여 변화시킨 것이다. 디모데는 말씀의 여인에게 양육 받았기 때문에 말씀의 사람이 되었다. 어머니가 성경을 신뢰했듯이 그도 성경을 신뢰하게 되었다. 어머니가 진리를 사랑했듯이 그도 진리를 사랑하게 되었다. 경건한 어머니(그리고 할머니)의 믿음이 이 젊은 사람의 믿음이 되었다.

말씀의 여인

이처럼 경건한 어머니에 대한 단순 명확한 본이 이 책을 마무리하기에 적합한 것 같다. 유니게에 대해 우리가 아는 사실은 그녀가 성경에 충실하고, 디모데에게 성경을 가르쳤다는 것뿐이다. 성경에는 그녀에 대해 이 사실만 기록되어 있다. 그녀는 아들이 위대한 그리스도인으로 성장하는 것을 보는 특권을 누렸다. 이 경건한 어머니는 진정한 말씀의 여인으로 역사에 남았다.

한 어머니의 묵상

이 이야기는 이 책을 완벽하게 마무리해 준다. 어디서부터 시작해야 할지 잘 모르겠는가? 자녀를 영적으로 가르쳐야 한다는 생각만으로도 부담스러운가? 이 이야기는 우리가 정말 해야 할 일은 하나님의 말씀을 사랑하고, 말씀대로 사는 것임을 보여 준다. 하나님의 말씀을 사랑하고, 자녀에게도 그 사랑을 가르치라. 그 말씀을 통해 자녀가 그리스도를 만나고, 그리스도를 더 많이 알게 될 것이다.

우리는 엄청난 부담감을 가지고, 자녀 교육에 도움이 될 완벽한 자료를 구하려고 많은 돈을 쓴다. 그러나 진실한 믿음과 그 믿음을 아이들에게 나누어 주려는 소원만 있으면 된다. 혹시 이 책의 다른 예가 우리를 헷갈리게 하고, 찔리게 하고, 올바른 어머니가 못 되는 것처럼 생각하게 한다 해도, 이 이야기는 진정한 힘이 된다. 하나님을 사랑하고, 믿음으로 살며, 말씀을 믿고, 이 모든 것을 자녀에게 나누어 주라. 이것은 충분히 가능한 방법일 것이다.

· 묵상을 위한 질문 ·

1. 유니게에 대한 바울의 말은 어머니의 중요성에 대한 하나님의 관점을 어떻게 보여 주는가?

2. 자녀를 영적으로 교육하는 일이 너무 복잡하다고 생각한 적이 있는가? 유니게의 본은 그 일에 대한 당신의 생각을 어떻게 단순화하는가?

3. 남편이 불신자인가? 유니게와 디모데의 이야기를 통해 어떤 힘을 얻을 수 있겠는가?

4. 어떻게 성경의 진리를 가르치면 자녀들이 구원을 위한 지혜를 얻을 수 있겠는가?

사명선언문

너희가 흠이 없고 순전하여……세상에서 그들 가운데 빛들로
나타내며 생명의 말씀을 밝혀 _ 빌 2:15-16

1. 생명을 담겠습니다
만드는 책에 주님 주신 생명을 담겠습니다.
그 책으로 복음을 선포하겠습니다.

2. 말씀을 밝히겠습니다
생명의 근본은 말씀입니다.
말씀을 밝혀 성도와 교회의 성장을 돕겠습니다.

3. 빛이 되겠습니다
시대와 영혼의 어두움을 밝혀 주님 앞으로 이끄는
빛이 되는 책을 만들겠습니다.

4. 순전히 행하겠습니다
책을 만들고 전하는 일과 경영하는 일에 부끄러움이 없는
정직함으로 행하겠습니다.

5. 끝까지 전파하겠습니다
모든 사람에게, 땅 끝까지, 주님 오시는 그날까지
복음을 전하는 사명을 다하겠습니다.

서점 안내

광화문점 서울시 종로구 새문안로 69 구세군회관 1층
02)737-2288 / 02)737-4623(F)

강남점 서울시 서초구 신반포로 177 반포쇼핑타운 3동 2층
02)595-1211 / 02)595-3549(F)

구로점 서울시 동작구 시흥대로 602, 3층 302호
02)858-8744 / 02)838-0653(F)

노원점 서울시 노원구 동일로 1366 삼봉빌딩 지하 1층
02)938-7979 / 02)3391-6169(F)

분당점 경기도 성남시 분당구 황새울로 315 대현빌딩 3층
031)707-5566 / 031)707-4999(F)

일산점 경기도 고양시 일산서구 중앙로 1391 레이크타운 지하 1층
031)916-8787 / 031)916-8788(F)

의정부점 경기도 의정부시 청사로47번길 12 성산타워 3층
031)845-0600 / 031)852-6530(F)

인터넷서점 www.lifebook.co.kr